문화와 문화산업

문화와 문화산업

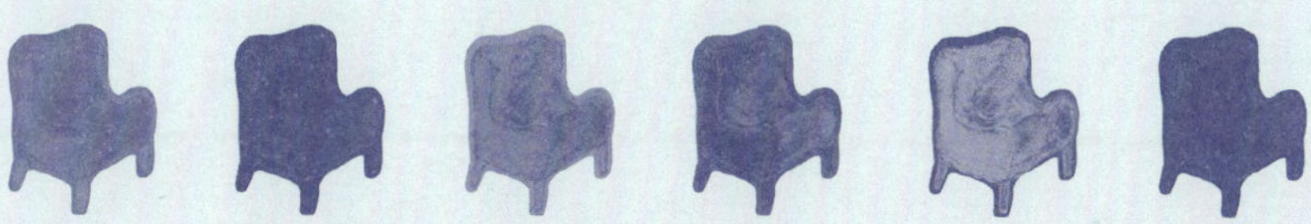

김시범

일조각

들어가며

오랫동안 어떤 형태의 책을 쓸까 고민하였다. 아니 망설였다. 경영학을 전공하고 대기업을 거쳐 스스로 회사를 창업하고 산업현장에서 활동하던 시절에는 편하게 글을 썼던 것 같다. 하지만, 대학에서 문화산업을 본격적으로 연구하고 가르치는 교수가 되면서 글을 써서 세상에 내놓는 것이 두려워졌다. 교수가 되기 전까지는 나만의 생각을 편하게 썼는데, 이제는 체계적이고 정리된 글을 써야 한다는 압박으로 책을 쓴다는 것에 대한 부담이 정말 컸다. 그래서 책을 쓰는 것을 미루고 미루었다.

산업현장 경험이 있는 교수이기에 문화산업에 대한 자문이나 평가 요청을 많이 받는다. 사업기획서에는 참신하고 창의적인 문화향품을 개발하는 방안이 주로 제시되어 있지만, 개발한 문화향품을 가지고 추진할 사업화 방안은 없거나 부족한 경우가 종종 보인다. 문화사업은 영리적인 목적과 공익적인 목적이 공존하는 영역이기에 경제적 사업화 방안을 꼭 논의해야 하는가에 대한 고민도 있을 수 있다. 하지만, 문화예술영역도 지속적 성장을 위해서는 사업화 방안 모색이 필요하다는 것이 글쓴이의 생각이다. 그래서 문화예술영역을 산업적으로 접근하여 사업을 기획하는 데 도움이 되는 책이 필요하다는 생각에서 일단 써보기로 하였다.

이 책에서는 문화산업을 공부하고자 하는 학생이나 산업현장 종사자들에게 도움이 되는 이야기를 하고자 한다. 수업에서 강의한 내용을 토대로 하였으며, 학회와 여러 행사에서 발표한 논문, 특강자료와 기고문 등을 토대로 이 책의 성격과 체계에 맞추어 내용을 수정했다. 이론에 대한 설명도 있지만 문화산업현장에 적용할 수 있는 부분만 추려서 가능한 쉽게 이야기하려고 노력했다. 그래서 문화산업을 오랫동안 연구해 온 분들이나 문화산업현장 전문가들에게는 이 책에서 다루고 있는 내용이 기본 상식 정도로 느껴질 수도 있다.

제1장에서는 유네스코(UNESCO), 세계지식재산기구(WIPO), 미국과 영국에서 사용되고 있는 문화 관련 영역에 대한 다양한 개념과 우리나라 법제도에서 정의되고 있는 문화산업의 변화양상을 살펴본다. 제2장에서는 「문화예술진흥법」, 「문화산업진흥 기본법」, 「콘텐츠산업 진흥법」 등에서 정의되고 있는 '문화예술', '문화상품', '콘텐츠'의 정의 변화를 살펴보고 '문화향품'의 개념을 소개한다. 제3장에서는 '가치사슬'의 개념을 살펴보고 핵심산업과 연계산업 및 문화산업의 후광효과, 가치사슬의 수익공유 개념을 소개한다. 문화산업의 가치사슬을 문화향품 기획단계, 개발단계, 사업화 단계, 유통 및 권리활용단계로 나누어 각각의 단계를 사례와 함께 구체적으로 설명한다. 제4장에서는 사업

순환 관리(PCM)와 SWOT분석에 대하여 살펴보고, 전략수립 방식을 소개한다. 기존에 사용되던 SWOT전략을 산업현장에서 쉽게 활용할 수 있도록 개선한 PINE전략과 STP전략에 협력체계 구축(Partnership)을 추가한 STPP전략을 소개한다. 제5장에서는 사업계획을 수립할 때 고려해야 할 5가지 요소(SMART)와 사업 수명 주기(Business Life Cycle), 상품 구성 관리(PPM) 개념을 살펴보고 사업계획 수립에 필요한 손익분기점, 투자제안서 작성 요령 등을 소개한다.

이 책을 쓰면서 또 다른 고민이 있었다. 외국어(또는 우리가 외국어를 응용하여 만들어 낸 외래어)를 '전문용어' 또는 '산업현장 용어'라는 이유로 그대로 써야 하는가에 대한 고민이다. 사실 글쓴이가 강의하는 과목 이름은 거의 외래어이다. 강의 녹취록을 살펴보면 많은 부분이 외래어로 된 낱말을 전문용어라고 하여 설명하고 있다. 우리 문화의 유지와 발전에는 말과 글이 매우 중요한 역할을 하고 있기에 문화산업 분야에서 논의되고 있는 내용을 가능한 한 우리말로 바꾸어 설명해 보려고 했다. 하지만 글쓴이의 능력이 부족하여 일부 '전문용어'만 우리말로 바꾸었으며, 바꾼 낱말도 아직 낯설게 느껴질 수 있기에 기존에 사용하는 낱말을 함께 사용하였다. 앞으로 '전문용어'를 우리말로 바꾸는 일은 계속되어야 하기에, 이 글을 읽은 분들이 좋은 의견을 주시기를 기대한다.

다 써 놓고 보니 많이 부족하여 다시 망설여지지만, 일단 세상에 내놓고 부족한 부분은 앞으로 조금씩 다듬어 나가기로 마음을 먹었다. 이 책을 읽고 부족한 점을 지적해 주시는 분들이 많이 계시기를 바란다.

이 책은 학교에서 진행된 수업내용을 토대로 하였기에 글쓴이의 수업에 참가하여 강의를 듣고 함께 공부한 연구원들이 중요한 역할을 하였다. 또한, 일조각 김시연 대표님의 정성스러운 조언으로 이 책의 완성도가 높아졌다. 이 책이 나올 때까지 도와주신 분들에게 감사의 말씀을 드린다.

항상 응원해 주고 있는 예술가인 아내 김성희와 멋있는 미래를 위한 도전을 하고 영우, 효석, 선우, 현석의 소중한 존재가 옆에 있어서 이 책을 쓸 수 있었다. 평소에 말로 하지 못하는 고마움을 이 책으로 대신한다.

2023년 8월

김시범

차례

3 문화산업 가치사슬

1

문화산업과 콘텐츠산업[1]

문화산업은 지속적으로 확장되고 성장하고 있기에 문화산업의 범위와 개념은 계속 바뀌고 있다. 옛날에는 예술로 인정받지 못했던 '낙서'에 가까운 그림이 새로운 예술의 표현방식으로 인정받기도 한다. 기술 발전에 따라 창작물의 저장 및 전달 방식이 변화되고 있으며, 이로 인하여 문화산업의 범위와 개념도 바뀌고 있다. 문화산업을 일컫는 용어도 바뀌고 있다. 문화산업은 '문화예술산업', '대중문화예술산업', '문화산업', '문화콘텐츠산업', '콘텐츠산업'이라는 낱말이 편의적으로 선택되어 사용되고 있으며, 중앙행정부서의 변동에 따라 문화산업에 대한 인위적인 분류가 이루어지기도 한다. 문화산업 자체의 빠른 발전과 문화산업과 관련된 영역의 확산 및 이에 따른 정부 정책의 변화 등도 문화산업의 개념을 확정하기 어렵게 하고 있다. 다른 나라의 문화산업도 그 명칭이나 개

1 이 글은 글쓴이가 2018년에 발표한 두 편의 논문에 기초함.
김시범, 「캐릭터산업의 권리활용(Licensing)사업 가치사슬 체계화 연구」, 『문화산업연구』 제18권 제2호, (사) 한국문화산업학회, 2018, 75-83쪽.
김시범, 「문화산업의 법률적 정의 및 개념 고찰」, 『인문콘텐츠』 제48호, 인문콘텐츠학회, 2018, 33-59쪽.

념 및 범위가 각각 다르기에 세계 문화산업에 대한 논의를 하거나 다른 나라와의 산업 비교를 하는 것도 쉽지 않지만, 우선 문화산업에 대한 국제기구, 주요 국가와 전문가들의 분류 방식과 우리나라에서의 법적 위상 변화를 통해서 문화산업의 범위와 개념을 살펴보고자 한다.

1) 다양한 문화산업 분류 방식

문화산업의 범위와 개념에 대하여 많은 학자들과 산업현장의 전문가들이 여러 가지 제안을 하고 있다. 예를 들어 유네스코(국제연합교육과학문화기구, UNESCO)는 〈표 1-1〉에서 보는 바와 같이 문화 관련 영

〈표 1-1〉 유네스코의 문화 관련 영역 구분[2]

국가/조직	구분	영역
UNESCO Institute for Statistics Model	Industries in Core Cultural Domains	Museums, Galleries, Libraries, Performing Arts, Festivals, Visual Arts, Crafts, Design, Publishing, Television, Radio, Film and Video, Photography, Interactive Media
	Industries in Expanded Cultural Domains	Musical Instruments, Sound Equipment, Architecture, Advertising, Printing Equipment, Software, Audiovisual Hardware

2 *Creative economy report, 2013, special edition: widening local development pathways*, UNDP(United Nations Development Programme) and UNESCO(United Nations Educational, Scientific and Cultural Organization), 2013, p.22.
PwC Report, 「Perspective from the Global Entertainment & Media Outlook 2021–2025」, Jul. 12, 2021 재구성.

〈 표 1-2 〉 유네스코의 문화통계분류[3]

<table>
<tr><th>대분류</th><th>중분류</th><th>소분류</th></tr>
<tr><td rowspan="6">문화핵심 영역 (Cultural Domains)</td><td>Cultural and Natural Heritage</td><td>- Museums (also Virtual)
- Archeological and Historical Places
- Cultural Landscapes
- Natural Heritage</td></tr>
<tr><td>Performance and Celebration</td><td>- Performing Arts
- Music
- Festivals, Fairs and Feasts</td></tr>
<tr><td>Visual Arts and Crafts</td><td>- Fine Arts
- Photography
- Crafts</td></tr>
<tr><td>Books and Press</td><td>- Books
- Newspaper and Magazine
- Other printed matter
- Library (also Virtual)
- Book Fairs</td></tr>
<tr><td>Audio-visual and Interactive Media</td><td>- Film and Video
- TV and Radio (also Internet Live streaming)
- Internet Podcasting
- Video Games (also Online)</td></tr>
<tr><td>Design and Creative Services</td><td>- Fashion Design
- Graphic Design
- Interior Design
- Landscape Design
- Architectural Services
- Advertising Services</td></tr>
<tr><td rowspan="2">문화연계 영역 (Related Domains)</td><td>Tourism</td><td>- Charter Travel and Tourist Services
- Hospitality and Accommodation</td></tr>
<tr><td>Sports and Recreation</td><td>- Sports
- Physical Fitness and Well Being
- Amusement and Theme parks
- Camping</td></tr>
<tr><td colspan="2">무형문화유산 (Intangible Cultural Heritage)</td><td>- Oral Traditions and Expressions
- Rituals
- Languages
- Social practices</td></tr>
<tr><td colspan="3">교육과 훈련(Education and Training)</td></tr>
<tr><td colspan="3">기록과 보존(Archiving and Preserving)</td></tr>
<tr><td colspan="3">도구와 장치자료(Equipment and Supporting Materials)</td></tr>
</table>

역을 문화가 중심이 되는 '문화핵심영역산업(Industries in Core Cultural Domains)'과 문화와 연계되어 확산되는 '문화확산영역산업(Industries in Expanded Cultural Domains)'으로 나누고 있다.

유네스코는 문화 관련 영역을 대분류, 중분류, 소분류로 나누어 〈표 1-2〉와 같이 제시하고 있는데, '문화핵심영역(Cultural Domains)', '문화연계영역(Related Domains)', '무형문화유산(Intangible Cultural Heritage)'의 중분류와 소분류에 포함되어 있는 영역은 우리나라에서 이야기하는 '문화예술산업', '문화산업', '콘텐츠산업', '전통문화산업' 등의 영역과 유사하다. 유네스코의 문화통계분류에서 특별히 눈에 띄는 내용은 '문화연계영역(Related Domains)'과 '교육과 훈련(Education and Training)', '기록과 보존(Archiving and Preserving)', '도구와 장치자료(Equipment and Supporting Materials)' 등이 문화통계에 포함되어 있다는 점이다. 또한, 유네스코는 문화가 중심이 되는 영역뿐만 아니라 문화와 연계되고 문화의 확산에 필요한 분야도 문화통계의 대상으로 여기고 있다. 문화산업의 가치사슬이 제대로 이루어져야 자생적인 생태계가 조성될 수 있다는 점에서 유네스코의 분류방식은 바람직하다. 우리나라에서도 행정부서 간의 업무영역을 기준으로 나누어지는 이른바 '벽치기'가 사라지고 문화 관련 영역에 대한 통계분류가 재정립되어야 할 것이다.

세계지식재산기구(WIPO)는 〈표 1-3〉에서 보는 바와 같이 저작권을

---

3 *Creative economy report, 2013, special edition: widening local development pathways*, UNDP(United Nations Development Programme) and UNESCO(United Nations Educational, Scientific and Cultural Organization), 2013, p.25 재구성.

〈표 1-3〉 세계지식재산기구(WIPO) 문화 관련 영역 구분[4]

국가/조직	구분	영역
세계지식재산기구(WIPO) Copyright Model	Core Copyright Industries	Advertising, Collecting Societies, Film and Video, Music, Performing Arts, Publishing, Software, Television and Radio, Visual and Graphic Art
	Partial Copyright Industries	Architecture, Clothing, Footwear, Design, Fashion, Household Goods, Toys
	Interdependent Copyright Industries	Blank Recording Material, Consumer Musical Instruments, Paper, Photocopiers, Photographic Equipment

기준으로 삼아 '핵심저작권산업(Core Copyright Industries)', '부분저작권산업(Partial Copyright Industries)', '상호연결저작권산업(Interdependent Copyright Industries)'으로 문화 관련 영역을 나누고 있다. 세계지식재산기구의 핵심저작권산업은 우리나라의 '문화예술산업', '문화산업', '콘텐츠산업' 등에서 이야기하는 영역과 유사하지만 우리나라의 '전통문화산업'의 영역은 포함하지 않고 있다. 지식재산권 중에 특허권, 실용신안권, 디자인권 등의 법적 보호기간은 10~20년으로 짧으며, 보호기간이 10년인 상표권도 기간을 갱신하면 반영구적으로 보호를 받을 수 있지만 권리자의 사용 여부에 따라 권리가 제한되고, 저작권의 보호기

4 *Creative economy report, 2013, special edition: widening local development pathways*, UNDP(United Nations Development Programme) and UNESCO(United Nations Educational, Scientific and Cultural Organization), 2013, p.22.
PwC Report, 「Perspective from the Global Entertainment & Media Outlook 2021–2025」, Jul. 12, 2021 재구성.

〈표 1-4〉 미국 및 영국 문화 관련 영역 구분[5]

국가/조직	구분	영역
USA	Arts Model	Advertising, Architecture, Arts Schools and Services, Design, Film, Museums, Zoos, Music, Performing Arts, Publishing, Television and Radio, Visual Arts
	Entertainment & Media (PwC Model)	Books, Business-to-Business, Cinema, Data Consumption, Internet Access, Internet Advertising, Music/Radio/Podcasts, Newspapers/Consumer Magazines, Out-of-Home Advertising, OTT Video, TV/Home Video, TV Advertising, Video Games/Esports, Virtual Reality
UK DCMS Model	Creative Industries	Advertising, Architecture, Art and Antiques Market, Crafts, Design, Fashion, Film and Video, Music, Performing Arts, Publishing, Software, Television and Radio, Video and Computer Games

간은 저작자가 사망한 후 70년(업무상 저작물은 공표 후 70년)이므로, '전통문화산업'을 지식재산권 차원으로 접근하기는 쉽지 않다. '부분저작권산업(Partial Copyright Industries)', '상호연결저작권산업(Interdependent Copyright Industries)' 분야는 우리나라에서 이야기하고 있는 '문화예술산업', '문화산업', '콘텐츠산업'과 다르지만, 유네스코의 '문화연계영역(Related Domains)', '기록과 보존(Archiving and Preserving)', '도구와 장

5 *Creative economy report, 2013, special edition: widening local development pathways*, UNDP(United Nations Development Programme) and UNESCO(United Nations Educational, Scientific and Cultural Organization), 2013, p.22.
PwC Report, 「Perspective from the Global Entertainment & Media Outlook 2021–2025」, Jul. 12, 2021 재구성.

치자료(Equipment and Supporting Materials)'의 일부와 유사한 개념이다.

문화산업 분야에서 큰 비중을 차지하고 있는 미국과 영국의 문화 관련 영역은 〈표 1-4〉와 같다. 미국에서는 문화 관련 영역을 문화 예술성에 따라 구분하기도 하고 사업방식에 따라 구분하기도 한다. 두 가지 방식에 따라 구분된 영역이 같은 분야도 있지만, '기업 간 거래영역(Business-to-Business)' 등과 같이 매우 다른 방식의 구분 기준도 있다. 사업방식에 따른 구분 기준은 세계적 회계 및 경영 자문회사인 PwC(PricewaterhouseCoopers)에서 사용하고 있다. 한편 영국은 창조경제와 창조산업을 통해 문화 관련 영역을 육성하고 있으며, 담당 중앙부처인 디지털·문화·미디어·스포츠부(Department for Digital, Culture, Media & Sport)의 영역 구분은 우리나라의 영역 구분과 유사한 점이 있다.

〈표 1-5〉와 같이 문화경제학자인 데이비드 드로스비(David Throsby)의 연구와 영국 연구기관인 Work Foundation에서 발표한 내용을 보면, 문화 관련 영역 분류의 결과는 다르게 표현되어 있지만 구분 기준을 핵심에서 확산 및 연계로 설정하는 방식은 유사하다. 데이비드 드로스비는 문학, 음악, 공연, 시각예술을 핵심적인 문화표현 영역이라고 하고 영화, 박물관, 화랑, 도서관, 사진 분야를 2차 핵심 문화산업 영역으로 분류하였다. 광역 문화산업으로 문화유산, 출판, 방송, 음원 저장, 영상 및 컴퓨터게임을 이야기하고, 광고, 건축, 디자인, 패션은 문화연계산업으로 분류하였다. Work Foundation은 문화 관련 영역을 저작권과 연계한 산업적 접근을 개념적으로 설명하면서 각각 영역에 특정 명칭을 붙여서 분류하고 있지는 않다. Work Foundation의

〈표 1-5〉 연구자별 문화 관련 영역 분류[6]

연구자	구분	영역
Concentric Circles Model Throsby, D. (2001, 2008)	Core Cultural Expression	Literature, Music, Performing Arts, Visual Arts
	Other Core Creative Industries	Film, Museums, Galleries, Libraries, Photography
	Wider Cultural Industries	Heritage Services, Publishing and Print Media, Television and Radio, Sound Recording, Video and Computer Games
	Related Industries	Advertising, Architecture, Design, Fashion
Work Foundation (2007:103)	Core Creative Fields	Commercial outputs possess a high degree of expressive value and invoke copyright protection
	Cultural Industries	Activities involve mass reproduction of expressive outputs. Outputs are based on copyrights
	Creative Industries and Activities	The use of expressive value is essential to the performance of these sectors
	The Rest of the Economy	Manufacturing and services sectors benefit from and exploit the expressive outputs generated by the creative industries

연구에 의하면 저작권 보호가 필요한 고도의 표현 가치를 가지는 상업적 결과가 핵심 문화영역이다. 문화산업은 저작권에 기반을 둔 표현 결과를 대량으로 제작하는 활동으로 문화산업과 문화활동은 표현 가치

6 *Creative economy report, 2013, special edition: widening local development pathways*, UNDP(United Nations Development Programme) and UNESCO(United Nations Educational, Scientific and Cultural Organization), 2013, p.23-24 재구성.

〈표 1-6〉 우리나라 문화 관련 산업 영역

<table>
<tr><th colspan="2">산업</th><th>영역</th></tr>
<tr><td rowspan="2">문화산업
(Cultural Industry, Culture Industry)</td><td>문화예술
진흥법</td><td>문학, 미술(응용미술을 포함한다), 음악, 무용, 연극, 영화, 연예(演藝), 국악, 사진, 건축, 어문(語文), 출판, 만화, 게임, 애니메이션 및 뮤지컬 등 지적·정신적·심미적 감상과 의미의 소통을 목적으로 개인이나 집단이 자신 또는 타인의 인상(印象), 견문, 경험 등을 바탕으로 수행한 창의적 표현활동과 그 결과물 또는 이들 용품</td></tr>
<tr><td>문화산업
진흥
기본법</td><td>영화·비디오물, 음악·게임, 출판·인쇄·정기간행물, 방송영상물, 문화재, 만화·캐릭터·애니메이션·에듀테인먼트·모바일문화콘텐츠·디자인(산업디자인 제외)·광고·공연·미술품·공예품, 디지털문화콘텐츠, 사용자제작문화콘텐츠 및 멀티미디어문화콘텐츠의 수집·가공·개발·제작·생산·저장·검색·유통 등과 이에 관련된 서비스, 대중문화예술산업, 전통적인 소재와 기법을 활용하여 상품의 생산과 유통이 이루어지는 산업으로서 의상, 조형물, 장식용품, 소품 및 생활용품, 문화상품을 대상으로 하는 전시회·박람회·견본시장 및 축제</td></tr>
<tr><td colspan="2">콘텐츠산업
(Contents Industry, Content Industry)</td><td>출판, 만화, 음악, 영화, 게임, 애니메이션, 방송, 광고, 캐릭터, 지식정보, 콘텐츠솔루션, 공연</td></tr>
<tr><td colspan="2">문화예술산업
(Culture and Arts Industry)</td><td>문학, 미술(응용미술 포함), 음악, 무용, 연극, 영화, 연예(演藝), 국악, 사진, 건축, 어문(語文), 출판, 만화, 게임, 애니메이션 및 뮤지컬 등 지적·정신적·심미적 감상과 의미의 소통을 목적으로 개인이나 집단이 자신 또는 타인의 인상(印象), 견문, 경험 등을 바탕으로 수행한 창의적 표현활동과 그 결과물</td></tr>
<tr><td colspan="2">대중문화예술산업
(Popular Culture and Arts Industry)</td><td>방송영상물, 영화, 비디오물, 공연물, 음반, 음악파일, 음악영상물, 음악영상파일</td></tr>
</table>

의 활용 구현에 필수적이다. 이런 문화산업의 표현 결과는 제조업과 서비스업에 긍정적인 영향을 준다.

앞에서 살펴본 바와 같이 국제기구, 국가, 연구자들이 이야기하는 문화산업의 범위와 개념은 같지 않지만, 이들을 종합적으로 살펴보면 네 가지 영역으로 나누어 볼 수 있다. 첫 번째 영역은 생활방식에 기반을 둔 문화활동, 예술성을 추구하는 창작활동, 사상과 감정을 표현한 저작활동 등의 기획·창작·개발 활동영역이다. 두 번째는 활동영역에서의 다양한 활동을 통해서 도출되는 결과물의 영역이다. 세 번째는 그 결과가 유통·활용·사용자에게 이동되는 전달과정의 영역이며, 네 번째는 그 결과를 소비 및 체험하는 향유영역이다. 이러한 활동영역, 결과영역, 전달영역, 향유영역이 문화 관련 영역의 사슬 체계로 볼 수 있다.

이러한 관점에서 보았을 때, 우리나라는 활동영역과 결과영역을 중심으로 문화 관련 영역을 분류하고 있다. 문화산업을 「문화예술진흥법」에서는 활동을 통해 도출된 결과물을 기준으로 분류하고 있으며, 「문화산업진흥 기본법」에서는 활동영역, 결과영역뿐만 아니라 전달영역과 향유영역도 구체적으로 제시하고 있다. 콘텐츠산업의 영역은 활동을 통해 도출된 결과물을 기준으로 분류하면서도 '방송'과 '콘텐츠솔루션'이라는 전달영역을 동시에 기준으로 제시하고 있어서 산업의 분류와 통계작성에 어려움이 있다.[7] 이러한 분류체계의 적절성을 진단해 보고 개선방안을 모색하기 위해서는 문화 관련 영역에 대한 우리나라의 법과 제도 내용을 살펴보아야 한다.

7 한 편의 영화가 영화관에서 상영되고 방송국에서도 방영될 때, 그 성과는 '영화산업'과 '방송산업'에 모두 포함되는 경우도 있어서 산업별 매출 통계작성에 영향을 줌.

2) 우리나라 문화산업

문화산업의 개념과 범위는 국제기구, 국가, 연구자에 따라 다를 뿐만 아니라 시기별로도 다르게 이야기되고 있다. 문화예술인의 활동을 후원하던 귀족, 왕실, 종교집단 등 소수 상류집단이 붕괴되고, 불특정 다수인 일반 대중과의 공감을 통해서 발생하는 경제적 수익이 커지면서 문화예술의 수익 방식은 많이 바뀌게 되었다. 아울러 문화예술에 대한 일반 대중의 인식도 지속적으로 변화하고 있다. 법은 구성원의 생각과 의견이 모여서 만들어진 강제력이 있는 행동규범이며, 제도는 구성원의 가치체계의 복합체로 그 구성원의 일상적인 생활관습이나 형식화되지 않은 도덕적 규범도 일부 포함하고 있기에[8] 문화산업과 관련된 법과 제도를 살펴보면 우리나라 국민이 가지고 있는 문화산업에 대한 과거와 현재의 생각과 가치를 알 수 있다.

문화산업은 1994년 김영삼 정부가 문화체육부에 문화산업국을 만들면서[9] 국가적인 관심 사항이 되었다. 1972년에 제정된 「문화예술진흥법」에는 '문화예술'만을 법률용어로 정의하고 있었으나, 1995년에 개정되면서 '문화산업'이 법률용어로 등장했다. 이 때 개정된 법률 제2조 제2항에 의하면, "문화산업"은 "문화예술의 창작물 또는 문화예술용품을 산업의 수단에 의하여 제작·공연·전시·판매를 업으로 영위하

8 김시범, 「대한민국 전통문화산업 관련 법제도 고찰」, 『유라시아연구』 제13권 제1호, (사)아시아유럽미래학회, 2016.

9 김상욱, 『문화콘텐츠산업 정책과 창조산업』, (주)크린비디자인, 2013.

〈표 1-7〉 문화예술진흥법의 '문화산업' 정의 변동

연도	용어	법률	법률적 정의	변동사항
1995	문화 산업	문화예술 진흥법 (전부개정)	문화예술의 창작물 또는 문화예술용품을 산업의 수단에 의하여 제작·공연·전시·판매를 업으로 영위하는 것	항목 신설
2003	문화 산업	문화예술 진흥법 (일부개정)	문화예술의 창작물 또는 문화예술 용품을 산업 수단에 의하여 **기획**·제작·공연·전시·판매하는 것을 업(業)으로 하는 것	'기획' 추가

는 것"을 의미한다.[10] 2003년이 되면 '문화산업'의 법적 정의가 바뀌어, '제작·공연·전시·판매'의 문화산업 가치사슬에 '기획'이 추가되고 「문화예술진흥법」에서는 "문화산업"이 "문화예술의 창작물 또는 문화예술 용품을 산업 수단에 의하여 기획·제작·공연·전시·판매하는 것을 업(業)으로 하는 것"으로 정의되고 있다.[11] '기획'을 추가하는 개정이 이루어진 배경은 "문화예술계에서 전시 기획이나 공연 기획 등 사전 기획 단계만을 전문적으로 행하는 문화예술 전문 기획 분야가 특화된 전문 분야로 자리 잡은 실정을 고려하여, 문화산업의 정의에 기획분야도 포함시킴으로써 수준 높은 문화예술을 진흥시키려는 것"[12]으로, 비로소 문화산업의 가치사슬에서 '기획'의 중요성을 인정하였다.

1999년에는 문화산업을 체계적으로 법제화한 기본법인 「문화산업

10 국가법령정보센터(https://www.law.go.kr, 2017. 8. 20 검색).

11 국가법령정보센터(https://www.law.go.kr, 2017. 8. 20 검색).

12 국가법령정보센터(https://www.law.go.kr/lsInfoP.do?lsiSeq=47165&ancYd=20030527&ancNo=06883&efYd=20030527&nwJoYnInfo=N&efGubun=Y&chrClsCd=010202#0000, 2017. 8. 20 검색).

〈표 1-8〉「문화산업진흥 기본법」의 '문화산업' 정의 변동

연도	용어	법률	법률적 정의	변동사항
1999	문화산업	문화산업진흥기본법	문화상품의 생산·유통·소비와 관련된 산업	법률 제정
2002	문화산업	문화산업진흥기본법(전부개정)	문화상품의 **개발·제작**·생산·유통·소비 등과 이에 관련된 서비스를 행하는 산업	'개발·제작' 추가
2003	문화산업	문화산업진흥기본법(일부개정)	문화상품의 **기획**·개발·제작·생산·유통·소비 등과 이에 관련된 서비스를 행하는 산업	'기획' 추가

진흥 기본법」이 새로 제정되었다. 「문화산업진흥 기본법」 제정 당시에는 "문화산업"을 "문화상품의 생산·유통·소비와 관련된 산업"으로 정의하고, "문화상품"은 "문화적 요소가 체화되어 경제적 부가가치를 창출하는 유·무형의 재화와 서비스 및 이들의 복합체"로 정의하였다.[13] 2002년에 이 법은 전부개정되면서 문화산업의 범위에 문화상품 '개발'과 '제작'이 추가되어 "문화산업"은 "문화상품의 개발·제작·생산·유통·소비 등과 이에 관련된 서비스를 행하는 산업"으로 정의되었다. 산업영역에도 '디지털문화콘텐츠와 관련된 산업'이 추가되었으며, "문화상품"은 '문화 관련 콘텐츠'와 '디지털문화콘텐츠'의 개념이 추가되어 "문화적 요소가 체화되어 경제적 부가가치를 창출하는 유·무형의 재화(문화관련 콘텐츠 및 디지털문화콘텐츠를 포함한다)와 서비스 및 이들의 복합체"로 정의되었다.[14] 2003년 「문화예술진흥법」의 '문화산업' 정의에

13 「문화산업진흥 기본법」 제2조 제1호, 제2호(1999년 2월 8일 제정, 1999년 5월 9일 시행).
14 「문화산업진흥 기본법」 제2조 제2호(2002년 1월 26일 전부개정, 2002년 7월 27일 시행).

〈표 1-9〉 '콘텐츠산업'의 정의 변동

연도	용어	법률	법률적 정의	변동사항
2002	온라인 디지털 콘텐츠산업	온라인 디지털 콘텐츠산업 발전법	온라인디지털콘텐츠를 수집·가공·제작·저장·검색·송신 등과 이와 관련된 서비스를 행하는 산업	법률 제정
2010	콘텐츠산업	콘텐츠산업 진흥법 (전부개정)	경제적 부가가치를 창출하는 콘텐츠 또는 이를 제공하는 서비스(이들의 복합체를 포함한다)의 **제작·유통·이용** 등과 관련한 산업	온라인 디지털 콘텐츠산업 발전법 전부개정

'기획'이 추가되는 동일한 시기에 「문화산업진흥 기본법」의 '문화산업' 정의에도 '기획'이 추가되어[15] "문화산업"은 "문화상품의 기획·개발·제작·생산·유통·소비 등과 이에 관련된 서비스를 행하는 산업"으로 정의되고 있다.[16] 즉, 문화예술 및 문화상품의 '기획'이 산업적으로 중요하다는 인식이 반영되었다.

2002년에 제정된 「온라인 디지털콘텐츠산업 발전법」은 '문화산업'이 아닌 '온라인디지털콘텐츠산업'을 정의하고 있었다. "온라인디지털콘텐츠산업의 발전에 필요한 사항을 정함으로써 온라인디지털콘텐츠산업

15 개정 이유: 문화산업 분야에서 기획 분야가 중요시되고 있으며, 전문 기획사가 급증하고 있음에도 불구하고 법적 보호를 받지 못하고 있는 점을 고려하여, 문화산업 정의에 기획 분야를 포함시켜서 법의 보호 아래 육성하려는 것임.
출처: 국가법령정보센터(https://www.law.go.kr/lsInfoP.do?lsiSeq=57007&ancYd=20030527&ancNo=06882&efYd=20030527&nwJoYnInfo=N&efGubun=Y&chrClsCd=010202#0000, 2017. 8. 20 검색).

16 「문화산업진흥 기본법」 제2조(2003년 5월 27일 일부개정 및 시행).

의 기반을 조성하고 그 경쟁력을 강화하여 국민생활의 향상과 국민경제의 건전한 발전에 이바지함을 목적"[17]으로 제정되었다. 그러나 2010년에 "콘텐츠산업의 기반을 조성하고 그 경쟁력을 강화하여 국민생활의 향상과 국민경제의 건전한 발전에 이바지함을 목적"[18]으로 하는 「콘텐츠산업 진흥법」으로 법률의 명칭이 바뀌면서 전부개정되었다. 즉, 2010년에 「온라인 디지털콘텐츠산업 발전법」이 「콘텐츠산업 진흥법」으로 전부개정되면서 '온라인디지털콘텐츠산업'이 '콘텐츠산업'으로 바뀌게 된다. 하지만, 「콘텐츠산업 진흥법」에서 정의하는 '콘텐츠산업'의 가치사슬은 '제작·유통·이용' 단계에 머물고 있다. 이는 「문화예술진흥법」과 「문화산업진흥 기본법」에서 정의하는 '문화산업'에는 '기획'이 추가되어 문화산업의 가치사슬이 '기획·개발·제작·생산·유통·소비'로 확대된 것과 비교가 되는 부분이다.

'문화산업'과 '문화상품'이라는 용어를 대신하여 우리나라에서 'content(s)'라는 낱말이 '콘텐츠', '컨텐츠', '콘텐트', '컨텐트' 등 다양한 표기방법으로 사용되고 있다. 2001년에 한국문화콘텐츠진흥원이 설립되면서 '콘텐츠'라는 용어가 본격적으로 사용되기 시작했고, '문화콘텐츠' 관련 영역은 문화부가 담당하고 '디지털콘텐츠' 관련 영역은 정보통신부가 담당하게 된다. 그러나 2008년에 실시된 정부조직 개편으로 정보통신부가 폐지되면서 해당 부처가 관장하던 디지털콘텐츠 진

17 「온라인 디지털콘텐츠산업 발전법」 제1조(2002년 1월 14일 제정, 2002년 7월 15일 시행).
18 「콘텐츠산업 진흥법」 제1조(2010년 6월 10일 전부개정, 2010년 12월 11일 시행).

흥기능과 각 부처의 콘텐츠 관련 업무가 모두 문화체육관광부로 이관되고, 2009년에 한국문화콘텐츠진흥원, 한국게임산업진흥원, 한국방송영상산업진흥원, 한국소프트웨어진흥원, 문화콘텐츠센터 등 5개 기관이 통합되어 한국콘텐츠진흥원이 탄생하였다.[19] 정보통신부가 폐지되면서 '콘텐츠', '문화콘텐츠', '디지털콘텐츠' 관련 영역이 모두 하나의 중앙부처 소관이 된 것이다. 이 과정에서 정보기술을 기반으로 전자(Digital)화하는 방식으로 산업분류가 진행되고 「콘텐츠산업 특수분류」라는 분류기준이 만들어졌다. 이러한 정책을 지원하기 위한 목적으로 작성된 「콘텐츠산업 특수분류」는 경제협력개발기구(OECD, Organisation for Economic Co-operation Development)의 콘텐츠미디어 산업분류와 유네스코의 「2009 UNESCO Framework for Cultural Statistics」를 참조하고 국내 산업의 특성을 반영하여 작성한 것으로 통계청은 밝히고 있지만,[20] 기존의 「문화산업 특수분류」를 「콘텐츠산업 특수분류」로 바꾸면서 산업분류가 제대로 이루어지지 않았기에 2010년에 만들어진 분류기준이 2년도 지나지 않은 2012년에 수정되었다.

2009년부터 「문화산업 특수분류」[21]를 「콘텐츠산업 특수분류」로 개정

19 김상욱, 『문화콘텐츠산업 정책과 창조산업』, (주)크린비디자인, 2013, 263-270쪽. 문화체육관광부 편, 『2009 콘텐츠산업백서』, 문화체육관광부, 2010, 215쪽.

20 통계청, 통계분류포털 경제부문 「콘텐츠산업 특수분류」 소개(https://kssc.kostat.go.kr:8443/ksscNew_web/index.jsp#, 2017. 8. 27 검색).

21 「문화산업 특수분류」는 문화생산제조업, 문화생산서비스업, 문화유통 및 임대업, 문화제공업 등 그 기능에 따라 나누었음.
(출처: 조용순, 「문화콘텐츠의 제작·유통·이용에 관한 법·제도 연구」, 한양대학교 대학원 법학과 박사학위논문, 2008, 16쪽.)

〈표 1-10〉「콘텐츠산업 특수분류」 대분류 변동

연도	콘텐츠산업 특수분류 대분류	변동사항
2010	**'출판 산업'**, **'음악, 영화·비디오, 애니메이션 산업'**, '방송 산업', '게임 산업', '공연 산업', '광고 산업', '캐릭터 산업', **'정보서비스업'** (8개 대분류)	「문화산업 특수분류」를 「콘텐츠산업 특수분류로」 개정
2012	**'출판산업'**, **'만화산업'**, **'음악산업'**, **'영화산업'**, '게임산업', **'애니메이션산업'**, '방송산업', '광고산업', '캐릭터산업', **'지식정보산업'**, **'콘텐츠솔류션산업'**, '공연산업' (12개 대분류)	- 만화산업: 출판산업에서 독립적 분리 - 음악산업, 영화산업, 애니메이션산업 분리 - 정보서비스업: 지식정보산업과 콘텐츠솔루션산업으로 분리 - 비디오: 대분류에서 용어삭제('영화산업'의 'DVD/VHSS' 및 '방송산업'의 '방송영상물' 등으로 흡수)

하는 논의가 진행되었으며, 2010년에 확정된 「콘텐츠산업 특수분류」에 의해 '콘텐츠산업'은 '출판 산업', '음악, 영화·비디오, 애니메이션산업', '방송산업', '게임산업', '공연산업', '광고산업', '캐릭터산업', '정보서비스업'의 8개 대분류로 나누어졌다.[22] 이 분류체계는 2012년에 콘텐츠산업의 발전에 따라 새로운 분야를 반영하기 위하여 개정되어 대분류 체계를 기존의 8개에서 12개로 세분하고 확대했으며, 중분류도 22개에서 49개, 소분류는 65개에서 128개로 세분화하였다. 기존의 '출판 산업'의 소분류로 포함되었던 '만화 출판업'은 별도 대분류인 '만화산업'으

22 통계청, 「콘텐츠산업 특수분류」 제정 개요, 통계분류포털 경제부문 「콘텐츠산업분류」 자료실(https://kssc.kostat.go.kr:8443/ksscNew_web/index.jsp#, 2017. 8. 27 내려받기).

로 독립하였으며, 하나의 대분류였던 '음악, 영화·비디오, 애니메이션산업'은 '음악산업', '영화산업', '애니메이션산업'의 3개의 대분류로 나누어지고, '비디오'는 대분류에서 삭제되어 '영화산업'과 '방송산업' 등에 흡수되었으며, '정보서비스업'은 '지식정보산업'과 '콘텐츠솔류션산업'의 2개의 대분류로 나누어졌다.[23]

「문화예술진흥법」, 「문화산업진흥 기본법」, 「콘텐츠산업 진흥법」 및 「콘텐츠산업 특수분류」에서 언급하고 있는 '문화산업'과 '콘텐츠산업'의 법률적 정의는 〈표 1-11〉에서 보는 것과 같이 바뀌어왔으며 앞으로도 계속 바뀔 것이다.

우리나라 문화 관련 영역에 대한 법과 제도에는 문제점이 있다. 「콘텐츠산업 진흥법」 제4조 제1호에 "이 법은 콘텐츠산업 진흥에 관하여 「문화산업진흥 기본법」에 우선하여 적용한다."고 명시하여 「콘텐츠산업 진흥법」과 「문화산업진흥 기본법」의 관계를 밝히고 있다.[24] 그러나 우리나라 문화콘텐츠산업 진흥에 있어서 「콘텐츠산업 진흥법」이 「문화산업진흥 기본법」보다 우선되는 것은 적절하지 않다. 「콘텐츠산업 진흥법」과 「콘텐츠산업 특수분류」에서 다루고 있는 '콘텐츠산업'의 개념이 「문화산업진흥 기본법」에서 다루고 있는 '문화산업'보다 산업의 범위도 제한적일 뿐만 아니라 문화산업에서 중요한 기능인 '기획'을 별도 단계

---

23 통계청, 「콘텐츠산업」 특수분류 1차 개정 개요, 통계분류포털 경제부문 「콘텐츠산업분류」 자료실(https://kssc.kostat.go.kr:8443/ksscNew_web/index.jsp#, 2017. 8. 27 내려받기).

24 「콘텐츠산업 진흥법」 제4조(2010년 6월 10일 전부개정, 2010년 12월 11일 시행).

〈표 1-11〉 '문화산업'과 '콘텐츠산업'의 법률적 정의 변동

연도	용어	법률	법률적 정의	변동사항
1995	문화 산업	문화예술 진흥법 (전부개정)	문화예술의 창작물 또는 문화예술 용품을 산업의 수단에 의하여 제작·공연·전시·판매를 업으로 영위하는 것	항목 신설
1999	문화 산업	문화산업 진흥기본법	문화상품의 생산·유통·소비와 관련된 산업	법률 제정
2002	문화 산업	문화산업 진흥기본법 (전부개정)	문화상품의 **<u>개발·제작</u>**·생산·유통·소비 등과 이에 관련된 서비스를 행하는 산업	'개발·제작' 추가
2002	온라인 디지털 콘텐츠 산업	온라인 디지털 콘텐츠 산업발전법	온라인디지털콘텐츠를 수집·가공·제작·저장·검색·송신 등과 이와 관련된 서비스를 행하는 산업	법률 제정
2003	문화 산업	문화예술 진흥법 (일부개정)	문화예술의 창작물 또는 문화예술 용품을 산업 수단에 의하여 **<u>기획</u>**·제작·공연·전시·판매하는 것을 업(業)으로 하는 것	'기획' 추가
2003	문화 산업	문화산업 진흥기본법 (일부개정)	문화상품의 **<u>기획</u>**·개발·제작·생산·유통·소비 등과 이에 관련된 서비스를 행하는 산업	'기획' 추가
2010	콘텐츠 산업	콘텐츠산업 진흥법 (전부개정)	경제적 부가가치를 창출하는 콘텐츠 또는 이를 제공하는 서비스(이들의 복합체를 포함한다)의 **<u>제작·유통·이용</u>** 등과 관련한 산업	온라인 디지털콘텐츠산업 발전법 전부개정

로 인정하지 않고 있기 때문이다. 따라서 유네스코와 세계지식재산기구의 문화 관련 영역을 참고하고 우리나라의 특성을 고려한 개념 정의와 분류체계가 마련되어야 한다.

2

문화산업의 법적 개념[1]

육체노동으로 얻어진 유형의 결과에 대한 권리는 오래전부터 법으로 보호를 받아왔지만, 정신노동으로 얻어진 무형의 결과에 대한 권리가 법으로 인정받은 것은 오래되지 않았다. 지식재산을 산업적으로 활용하여 경제적 수익을 창출하는 문화산업도 저작권, 상표권, 디자인권, 실용신안권, 특허권 등의 지식재산권을 보호하는 법과 제도가 마련되고, 정신노동의 결과를 보호하고 인정하는 사회적 합의가 이루어지면서 성장하기 시작했다. 우리나라도 「지식재산 기본법」, 「저작권법」, 「상표법」, 「디자인보호법」, 「특허법」, 「실용신안법」, 「부정경쟁방지 및 영업비밀보호에 관한 법률」 등을 통해 정신노동의 결과에 대한 일정 권리를 부여하고 보호하고 있으며, 「문화예술진흥법」, 「문화산업진흥 기본법」, 「콘텐츠산업 진흥법」, 「대중문화예술산업발전법」, 「문화기본법」,

---

1 이 글은 글쓴이가 2018년에 발표한 두 편의 논문에 기초함.
김시범, 「캐릭터산업의 권리활용(Licensing)사업 가치사슬 체계화 연구」, 『문화산업연구』 제18권 제2호, (사) 한국문화산업학회, 2018. 75–83쪽.
김시범, 「문화산업의 법률적 정의 및 개념 고찰」, 『인문콘텐츠』 제48호, 인문콘텐츠학회, 2018, 33–59쪽.

「예술인 복지법」, 「문화예술교육 지원법」, 「지역문화진흥법」, 「예술인의 지위와 권리의 보장에 관한 법률」 등을 통해 문화예술인들의 창작활동과 그 창작활동의 결과에 대한 향유도 지원하고 있다. 문화예술에 대한 인식의 변화와 함께 문화예술의 산업적 접근이 활발하게 진행되면서 문화예술과 관련된 용어의 개념과 정의도 변하고 있으며, 새로운 용어도 등장하고 있다.

1) 문화예술의 법적 개념 변화

1972년에 제정된 「문화예술진흥법」에서는 "문화예술"을 "문학·미술·음악·연예 및 출판에 관한 사항"으로 정의하였다가[2] 1987년에 이 법을 일부개정하면서 "문화예술" 정의에 '무용·연극·영화'를 추가하여 "문학·미술·음악·무용·연극·영화·연예 및 출판에 관한 사항"으로 확대하였다[3]. 1995년에 이 법을 전부개정하면서 "문화예술" 정의는 "문학, 미술(응용미술을 포함한다), 음악, 무용, 연극, 영화, 연예, 국악, 사진, 건축, 어문 및 출판"으로 다시 확대되었다.[4] 기존의 '미술' 분야에 '응용미술'을 구체적으로 제시하여 포함하였으며, '국악, 사진, 건축, 어문' 분야가 새로 추가되었다. 또한, 기존 '문화예술' 정의에 '음악'과 '무용' 분야가 있었지만 '국악'을 별도로 추가하였으며, '문학'과 '출판' 분야가

2 「문화예술진흥법」 제2조(1972년 8월 14일 제정 및 시행).
3 「문화예술진흥법」 제2조(1987년 11월 28일 일부개정 및 시행).
4 「문화예술진흥법」 제2조 제1호(1995년 1월 5일 전부개정, 1995년 7월 6일 시행).

〈표 2-1〉 문화예술의 법률적 정의 변동

연도	문화예술 정의	변동영역	구분
1972	문학·미술·음악·연예 및 출판에 관한 사항		법률 제정
1987	문학·미술·음악·**무용·연극·영화**·연예 및 출판에 관한 사항	무용·연극·영화	일부 개정
1995	문학, 미술(**應用美術을 포함한다**), 음악, 무용, 연극, 영화, 연예, **국악, 사진, 건축, 어문** 및 출판	응용미술, 국악, 사진, 건축, 어문	전부 개정
2013	문학, 미술(응용미술을 포함한다), 음악, 무용, 연극, 영화, 연예(演藝), 국악, 사진, 건축, 어문(語文), 출판 및 **만화**	만화	일부 개정
2022	문학, 미술(응용미술을 포함한다), 음악, 무용, 연극, 영화, 연예(演藝), 국악, 사진, 건축, 어문(語文), 출판, 만화, **게임, 애니메이션 및 뮤지컬 등 지적, 정신적, 심미적 감상과 의미의 소통을 목적으로 개인이나 집단이 자신 또는 타인의 인상(印象), 견문, 경험 등을 바탕으로 수행한 창의적 표현활동과 그 결과물**	게임, 애니메이션 및 뮤지컬 등 지적, 정신적, 심미적 감상과 의미의 소통을 목적으로 개인이나 집단이 자신 또는 타인의 인상(印象), 견문, 경험 등을 바탕으로 수행한 창의적 표현활동과 그 결과물	일부 개정

있었지만 별도로 '어문' 분야를 추가하였다. 이에 '사진'과 '건축'도 추가되면서 문화예술의 영역이 다양해졌다. 2013년에 이 법을 다시 일부개정하면서 '문화예술' 정의에 '만화'가 추가되어 "문화예술"은 "문학, 미술(응용미술을 포함한다), 음악, 무용, 연극, 영화, 연예(演藝), 국악, 사진, 건축, 어문(語文), 출판 및 만화"를 말한다.[5] 법제처는 개정 이유로 "최근 만화가 영화, 애니메이션, 캐릭터, 출판 등 주요 문화산업의 창조적

5 「문화예술진흥법」 제2조 제1호(2013년 7월 16일 일부개정, 2013년 8월 6일 시행).

원천으로서 그 중요성을 널리 인정받고 있는 점을 고려하여 이 법의 '문화예술'의 정의 개념에 만화를 포함시킴으로써 법적 미비점을 보완하려는 것"이라고 밝히고 있다.[6] 2022년에 이 법이 일부개정되면서 '문화예술'의 정의에 "게임, 애니메이션 및 뮤지컬 등 지적, 정신적, 심미적 감상과 의미의 소통을 목적으로 개인이나 집단이 자신 또는 타인의 인상(印象), 견문, 경험 등을 바탕으로 수행한 창의적 표현활동과 그 결과물"이 추가되었다. 지금도 새로운 예술영역은 나타나고 있으며, 예술의 융·복합이 활발하게 일어나고 있는 시대적 흐름을 반영하고자, 종전에는 문화예술의 장르만을 열거하던 방식에서 문화예술 장르와 함께 문화예술의 공통적이고 핵심적인 속성을 일반적인 표현으로 문화예술을 규정하는 방식으로 법제도의 개념 정의 방식이 변화하였다.[7] 시간이 흐름에 따라 '문화예술'의 분야도 확대되면서 변화하고 있으며, 「문화예술진흥법」에서 정의하는 '문화예술'과 「문화산업진흥 기본법」에서 정의하는 문화산업의 '문화상품'과 그 영역은 점점 비슷해지고 있다.

2) 문화상품과 문화산업의 법적 개념 변화

1999년에 제정된 「문화산업진흥 기본법」에서는 "문화상품"을 "문화적

6 국가법령정보센터(https://www.law.go.kr/lsInfoP.do?lsiSeq=142012&ancYd=20130716 &ancNo=11901&efYd=20130806&nwJoYnInfo=N&efGubun=Y&chrClsCd=010202#0000, 2017. 8. 20 검색).

7 「문화예술진흥법」 제2조 제1호(2022년 9월 27일 일부개정, 2023년 3월 28일 시행).

요소가 체화되어 경제적 부가가치를 창출하는 유·무형의 재화와 서비스 및 이들의 복합체"[8]라고 정의하였으며, 2002년에 이 법을 전부개정하면서 "문화상품"을 "문화적 요소가 체화되어 경제적 부가가치를 창출하는 유·무형의 재화(문화관련 콘텐츠 및 디지털문화콘텐츠를 포함한다)와 서비스 및 이들의 복합체"[9]로 정의하였다. 이 개정에서는 '재화'의 예시를 '콘텐츠'라는 낱말을 사용하여 제시하였는데, 이는 같은 해 1월에 제정된 「온라인 디지털콘텐츠산업 발전법」의 영향으로 볼 수 있다. 2006년에 일부 개정된 「문화산업진흥 기본법」에서는 "문화상품"을 "예술성·창의성·오락성·여가성·대중성(이하 "문화적 요소"라 한다)이 체화되어 경제적 부가가치를 창출하는 유·무형의 재화(문화콘텐츠, 디지털문화콘텐츠 및 멀티미디어문화콘텐츠를 포함한다)와 서비스 및 이들의 복합체"라고 정의하고 있다.[10] '문화적 요소'를 '예술성·창의성·오락성·여가성·대중성'이라는 다섯 가지 특성으로 구체화하였으며, '재화'의 예시를 '문화관련 콘텐츠'가 아닌 '문화콘텐츠'라는 용어를 사용하여 그 정의를 다시 정리한 것이다. 이 개정으로 '문화적 요소'에 대한 구체적 개념은 법에 명시되었으나, '예술성', '창의성', '오락성', '여가성', '대중성'의 개념은 법에서 별도로 다루고 있지 않다. 2009년에는 이 법이 일부 개정되면서 "문화상품"을 "예술성·창의성·오락성·여가성·대중성(이하

8 「문화산업진흥 기본법」 제2조 제2호(1999년 2월 8일 제정, 1999년 5월 9일 시행).

9 「문화산업진흥 기본법」 제2조 제2호(2002년 1월 26일 전부개정, 2002년 7월 27일 시행).

10 「문화산업진흥 기본법」 제2조 제2호(2006년 4월 28일 일부개정, 2006년 10월 29일 시행).

〈표 2-2〉 문화상품의 법률적 정의 변동

연도	문화상품 정의	변동내역	구분
1999	문화적 요소가 체화되어 경제적 부가가치를 창출하는 유·무형의 재화와 서비스 및 이들의 복합체	신설	법률제정
2002	문화적 요소가 체화되어 경제적 부가가치를 창출하는 유·무형의 재화(**문화관련 콘텐츠 및 디지털문화콘텐츠를 포함한다)**와 서비스 및 이들의 복합체	재화의 영역 제시: 문화관련 콘텐츠 및 디지털문화콘텐츠	전부개정
2006	**예술성·창의성·오락성·여가성·대중성**(이하 "문화적 요소"라 한다)이 체화되어 경제적 부가가치를 창출하는 유·무형의 재화(**문화콘텐츠, 디지털문화콘텐츠 및 멀티미디어문화콘텐츠**를 포함한다)와 서비스 및 이들의 복합체	문화적 요소의 구체적 제시: 예술성·창의성·오락성·여가성·대중성 문화콘텐츠, 디지털문화콘텐츠 및 멀티미디어 문화콘텐츠 용어 변경	일부개정
2009	예술성·창의성·오락성·여가성·대중성(이하 "문화적 요소"라 한다)이 체화**(體化)**되어 경제적 부가가치를 창출하는 **유형·무형**의 재화(문화콘텐츠, 디지털문화콘텐츠 및 멀티미디어문화콘텐츠를 포함한다)와 **그** 서비스 및 이들의 복합체	적확한 의미전달을 위한 용어 정리	일부개정

"문화적 요소"라 한다)이 체화(體化)되어 경제적 부가가치를 창출하는 유형·무형의 재화(문화콘텐츠, 디지털문화콘텐츠 및 멀티미디어문화콘텐츠를 포함한다)와 그 서비스 및 이들의 복합체"로 정의하였다.[11] 이 개정은 내

11 「문화산업진흥 기본법」 제2조 제2호(2009년 2월 6일·5월 21일 일부개정, 2009년 5월 7일·8월 22일 각각 시행).

〈표 2-3〉 문화산업 영역별 법률 정의 주요 변동(1999년과 2002년 비교)

연도	1999년	2002년	주요 변동
영화 비디오물	- **영화진흥법의 규정에 의한** 영화와 관련된 산업	- 영화와 관련된 산업	관련 법률명 삭제
음악 게임	- **음반·비디오물 및 게임물에 관한 법률의 규정에 의한** 음반, 비디오물, 게임물과 관련된 산업	- 음반·비디오물·게임물과 관련된 산업	
출판 인쇄 정기 간행물	**출판사 및 인쇄소의 등록에 관한 법률과 정기간행물의 등록 등에 관한 법률의 규정에 의한** 출판·인쇄물·정기간행물과 관련된 산업	출판·인쇄물·정기간행물과 관련된 산업	관련 법률명 삭제
방송 영상물	- **방송법의 규정에 의한** 방송프로그램과 관련된 산업 - **종합유선방송법의 규정에 의한** 방송프로그램과 관련된 산업	방송영상물과 관련된 산업	관련 법률명 삭제
문화재	**문화재보호법의 규정에 의한** 문화재와 관련된 산업	문화재와 관련된 산업	관련 법률명 삭제
만화 캐릭터 애니메이션 에듀테인먼트 모바일 문화콘텐츠 디자인 광고 공연 미술품 공예품	예술성·창의성·오락성·여가성·대중성(이하 "文化的要所"라 한다)이 체화되어 경제적 부가가치를 창출하는 캐릭터, 애니메이션, 디자인(産業디자인을 제외한다), 광고, 공연, 미술품, 전통공예품과 관련된 산업	예술성·창의성·오락성·여가성·대중성(이하 "문화적 요소"라 한다)이 체화되어 경제적 부가가치를 창출하는 캐릭터·애니메이션·디자인(산업디자인은 제외한다)·광고·공연·미술품·공예품과 관련된 산업	*표기방식: 한자→한글 *조사변경: 을→은
디지털 문화콘텐츠 사용자제작 문화콘텐츠 멀티미디어 문화콘텐츠	**영상소프트웨어 중 양방향성 멀티미디어 기술을 이용한 멀티미디어 컨텐츠와 관련된 산업(정보통신 관련 기술지원은 제외한다)**	**디지털문화콘텐츠의 수집·가공·개발·제작·생산·저장·검색·유통 등과 이에 관련된 서비스를 행하는 산업**	*멀티미디어콘텐츠 → 디지털문화콘텐츠 *기능영역 (수집·가공·개발·제작·생산·저장·검색·유통) 추가

용상의 특별한 개정은 없으나, 적확한 의미를 전달하기 위하여 '체화' 라는 낱말에 한자를 함께 사용하고 '유·무형'을 분리하여 '유형·무형'으로 표기하면서 용어를 쉽게 이해할 수 있도록 정리하였다.

〈표 2-3〉을 보면 「문화산업진흥 기본법」에서는 '문화산업'을 정의하면서 문화상품의 기획·개발·제작·생산·유통·소비 등과 이에 관련된 서비스를 하는 산업을 구체적으로 예시하고 있는데, 문화산업에 포함되는 산업 영역은 계속 변동되고 있다. 이 법을 제정하였던 1999년에는 문화산업 영역을 「영화진흥법」, 「방송법」 등 기존에 존재하던 다른 법에서 규정한 영역을 근거로 명시하였고,[12] 이러한 근거 사항은 2002년에 이 법이 전부개정되면서 삭제된다. 하지만, 2002년에 개정된 법 역시 각 산업과 관련된 다른 법률을 단순히 삭제만 하는 바람에 산업별 영역 분류는 애매하게 되었다.

제2조 제1호 사목에서 정의하고 있는 "디지털문화콘텐츠의 수집·가공·개발·제작·생산·저장·검색·유통 등과 이에 관련된 서비스를 행하는 산업"은 같은 해에 제정된 「온라인 디지털콘텐츠산업 발전법」에서 정의한 '온라인디지털콘텐츠산업'의 정의 중 일부와 「문화산업진흥 기본법」에서 정의한 '문화산업'의 정의 중 일부가 합쳐져서 새로운 산업 영역으로 정리되었다.[13] '수집·가공·개발·제작·생산·저장·검색·유통'

12 가목부터 마목까지는 이전 개별법의 규정에 의하여 관련 산업을 열거하고, 개별법이 없는 나머지 관련 산업을 바목부터 열거하였음. (출처: 조용순, 「문화콘텐츠의 제작·유통·이용에 관한 법·제도 연구」, 한양대학교 대학원 법학과 박사학위논문, 2008, 39쪽).

13 「온라인 디지털콘텐츠산업 발전법」에서는 '온라인디지털콘텐츠산업'을 "온라인디지털

중 '수집·가공·제작·저장·검색'[14]은 '온라인디지털콘텐츠산업'의 정의에서 가져온 용어이며, '개발·제작·생산·유통'[15]은 '문화산업'의 정의에서 가져온 내용으로, 두 산업의 정의에서 공통으로 사용된 용어이다. 그런데, 「문화산업진흥 기본법」 제2조 제1호에서 이미 "문화산업"이라 함은 "문화상품의 개발·제작·생산·유통·소비 등과 이에 관련된 서비스를 행하는 산업으로서 다음 각목의 1에 해당하는 것을 포함한다."라고 규정하면서 각 분야별 산업을 열거하고 있는데, '디지털문화콘텐츠' 관련 분야만 사목에서 "디지털문화콘텐츠의 수집·가공·개발·제작·생산·저장·검색·유통 등과 이에 관련된 서비스를 행하는 산업"이라고 하면서 그 가치사슬의 기능별 영역을 별도로 언급하고 있다. 별도로 언급된 내용을 살펴보면 문화산업의 기능영역과 디지털문화콘텐츠의 기능영역이 동일한 것도 있지만 다른 것도 있음을 알 수 있다.

2006년에 일부개정된 「문화산업진흥 기본법」[16]에서는 문화상품 관련 산업 영역으로 '만화', '에듀테인먼트·모바일문화콘텐츠', '멀티미디어문화콘텐츠'를 추가하였고, "전통의상·식품 등"을 "전통의상·식품 등

콘텐츠를 **수집·가공·제작·저장·검색·송신** 등과 이와 관련된 서비스를 행하는 산업"으로 정의하고 있으며, 「문화산업진흥 기본법」에서는 '문화산업'을 "문화상품의 **개발·제작·생산·유통·소비** 등과 이에 관련된 서비스를 행하는 산업"으로 정의하고 있었음.

14 "수집·가공·제작·저장·검색·송신 등과 이와 관련된 서비스를 행하는 산업"에서 '송신'을 제외한 나머지 부분을 차용함.

15 "문화상품의 개발·제작·생산·유통·소비 등과 이에 관련된 서비스를 행하는 산업"에서 '소비'를 제외한 나머지 부분을 차용함.

16 「문화산업진흥 기본법」 제2조 제1호(2006년 4월 28일 일부개정, 2006년 10월 29일 시행).

전통문화 자원을 활용하는 산업으로서"로 개정하여 그 영역을 확장하였다.

〈표 2-4〉 문화산업 영역별 법률 정의 주요 변동(2002년과 2006년 비교)

연도	2002년	2006년	주요 변동
만화 캐릭터 애니메이션 에듀테인먼트 모바일 문화콘텐츠 디자인 광고 공연 미술품 공예품	**예술성·창의성·오락성·여가성·대중성(이하 "문화적 요소"라 한다)이 체화되어 경제적 부가가치를 창출하는** 캐릭터·애니메이션·디자인(산업디자인은 제외한다)·광고·공연·미술품·공예품과 관련된 산업	**만화**·캐릭터·애니메이션·**에듀테인먼트·모바일문화콘텐츠**·디자인(산업디자인은 제외한다)·광고·공연·미술품·공예품과 관련된 산업	*"문화적 요소" 관련 문구 이동 *'만화' 등 추가
디지털 문화콘텐츠 사용자제작 문화콘텐츠 멀티미디어 문화콘텐츠	디지털문화콘텐츠의 수집·가공·개발·제작·생산·저장·검색·유통 등과 이에 관련된 서비스를 행하는 산업	디지털문화콘텐츠 및 **멀티미디어문화콘텐츠**의 수집·가공·개발·제작·생산·저장·검색·유통 등과 이에 관련된 서비스를 행하는 산업	'멀티미디어 문화콘텐츠' 추가
전통산업 의상 조형물 장식용품 소품 생활용품	그 밖에 전통의상·식품 등 대통령령으로 정하는 산업	그 밖에 전통의상·식품 등 **전통문화 자원을 활용하는 산업으로서** 대통령령으로 정하는 산업	'전통문화 자원 활용' 개념 도입

한편, 제2조 제1호 바목의 "캐릭터·애니메이션·디자인(산업디자인은 제외한다)·광고·공연·미술품·공예품과 관련된 산업"을 수식하는 "예술성·창의성·오락성·여가성·대중성(이하 "문화적 요소"라 한다)이 체화

되어 경제적 부가가치를 창출하는" 문장은 삭제하고, 그 문장을 제2조 제2호의 "문화상품"의 정의에 추가하였다. 이로써 다섯 가지 '문화적 요소'가 제2조 제1호 바목의 산업에만 해당하는 것이 아니라, 제2조 제1호 가목부터 카목까지 명시된 모든 '문화상품 관련 산업'을 수식하게 되었다. 따라서 '문화적 요소'인 '예술성·창의성·오락성·여가성·대중성'은 영화, 음반, 출판, 방송영상물, 문화재 등의 모든 문화상품에 확대하여 적용하게 되었다.

2009년에 개정된 「문화산업진흥 기본법」[17]에서는 가목, 나목, 다목의 산업을 재구성하였다. 나목의 '음반·비디오물·게임물'에 함께 있던 '비디오물'은 가목의 '영화와 관련된 산업'으로 옮기면서 '영화·비디오물과 관련된 산업'으로 합쳐지면서 빠지고, 같은 나목의 '음반'은 '음악'으로, '게임물'은 '게임'으로 바뀌었다. 1999년에 「문화산업진흥 기본법」을 제정할 때는 기존에 있던 「영화진흥법」과 「음반·비디오물 및 게임물에 관한 법률」의 규정에 의해 문화 관련 영역을 분류하였는데, 이러한 분류가 각 영역의 특성을 제대로 반영하지 못하였다. 예를 들어 하나의 독립된 창작물인 영화는 영화관에서 상영되거나 비디오테이프나 CD에 저장된 비디오물로 판매되어 관객에게 전달되는데, 원래 이들은 다른 영역으로 분리되어 있었지만 법 개정으로 '영화'와 분리되어 있던 '비디오물'은 '영화'와 합쳐졌다. 음악 향유 방식이 과거에는 음원이 저장된 음반을 구매하는 방식에서 누리망(Internet)이나 이동통신망을 통해

17 「문화산업진흥 기본법」 제2조 제1호(2009년 2월 6일 일부개정, 2009년 5월 7일 시행).

서 음원을 내려받는 방식으로 변화하고, 게임을 즐기는 방식도 음악과 비슷하게 게임CD를 구매하는 방식에서 누리망이나 이동통신망에 접속하여 게임을 내려받거나 실시간으로 게임을 하는 방식으로 변화하면서, 유형의 저장물을 일컫는 '음반'은 '음악'으로 바뀌고, '게임물'은 '게임'으로 바뀌게 되었다. 다목의 '인쇄물'은 '인쇄'로 개정되었다. 이러한 재구성은 산업의 변화를 적절히 반영한 것으로 볼 수 있다. 또한, 사목에 '사용자제작문화콘텐츠'를 추가하여 '사용자창작문화향품(UCC: User Created Contents)' 및 '사용자개발문화향품(UGC: User Generated

〈표 2-5〉 문화산업 영역별 법률적 정의 주요 변동(2006년과 2009년 비교)

연도	2006년	2009년	주요 변동
영화 비디오물	*영화와 관련된 산업	영화·**비디오물**과 관련된 산업	'영화'와 '비디오물'을 묶음
음악 게임	*음반·비디오물·게임물과 관련된 산업	**음악·게임**과 관련된 산업	'비디오물'을 '음악·게임'과 분리 '음반'→'음악' '게임물'→'게임'
출판 인쇄 정기 간행물	출판·인쇄물·정기간행물과 관련된 산업	출판·**인쇄**·정기간행물과 관련된 산업	'인쇄물'→'인쇄'
디지털 문화콘텐츠 사용자제작 문화콘텐츠 멀티미디어 문화콘텐츠	디지털문화콘텐츠 및 멀티미디어문화콘텐츠의 수집·가공·개발·제작·생산·저장·검색·유통 등과 이에 관련된 서비스를 행하는 산업	디지털문화콘텐츠, **사용자제작문화콘텐츠** 및 멀티미디어문화콘텐츠의 수집·가공·개발·제작·생산·저장·검색·유통 등과 이에 관련된 서비스를 **하는** 산업	'사용자제작문화콘텐츠' 추가

Contents)'의 개인창작자 사업화 현상을 반영하였다.

2011년에 일부개정된 「문화산업진흥 기본법」[18]에서는 전통문화 자원을 활용하는 문화산업의 유형을 법률에 구체적으로 규정하고[19] 「전시산업발전법」에서 정의하는 "무역상담과 상품 및 서비스의 판매·홍보를 위하여 개최하는 상설 또는 비상설의 견본상품박람회, 무역상담회, 박람회을 제외한 문화상품을 대상으로 하는 전시회·박람회·견본시장 및 축제 등과 관련된 산업"[20]도 문화상품 관련 산업 영역에 추가하였다. 또한, "각 문화산업 중 둘 이상이 혼합된 산업"도 추가하여 융·복합적인 문화 관련 산업의 흐름을 반영하였다.

2014년에 「대중문화예술산업발전법」이 제정되었고, 이 법률 제정으로 「문화산업진흥 기본법」[21]도 타법개정되면서 '대중문화예술산업'이 문화 관련 산업 영역에 추가되었다. 이리하여 우리나라 대중문화예술산업의 육성을 위한 법적 근거로 제정된 「대중문화예술산업발전법」은 마침내 대중문화예술인의 인권 보호와 공정한 영업질서의 확립을 위한 규정을 도입하였다.[22]

18 「문화산업진흥 기본법」 제2조 제1호(2011년 5월 25일 일부개정, 2011년 8월 26일 시행).
19 「문화산업진흥 기본법」 제2조 제1호(2011년 5월 25일 일부개정, 2011년 8월 26일 시행)의 개정 이유(https://www.law.go.kr/lsInfoP.do?lsiSeq=113482&ancYd=20110525&ancNo=10724&efYd=20110826&nwJoYnInfo=N&efGubun=Y&chrClsCd=010202#0000, 2017. 8. 28 검색).
20 「전시산업발전법」 제2조 제2호(2011년 3월 30일 일부개정 및 시행).
21 「문화산업진흥 기본법」 제2조(2014년 1월 28일 타법개정, 2014년 7월 29일 시행).
22 법제처, 「대중문화예술산업발전법」 제정이유, 2014. 1. 28.

〈표 2-6〉 문화산업 영역별 법률적 정의 주요 변동(2009년과 2011년 비교)

연도	2009년	2011년	주요 변동
전통산업 의상 조형물 장식용품 소품 생활용품	그 밖에 전통의상·식품 등 전통문화 자원을 활용하는 산업으로서 대통령령으로 정하는 산업	전통적인 소재와 기법을 활용하여 상품의 생산과 유통이 이루어지는 산업으로서 의상, 조형물, 장식용품, 소품 및 생활용품 등과 관련된 산업	대통령령으로 규정하던 전통문화자원 활용 문화산업 유형을 법률에서 직접 규정
문화상품 전시회 박람회 견본시장 축제	×	문화상품을 대상으로 하는 전시회·박람회·견본시장 및 축제 등과 관련된 산업. 다만, 「전시산업발전법」 제2조 제2호의 전시회·박람회·견본시장과 관련된 산업은 제외한다.	전시회·박람회·견본시장 및 축제 관련 산업 신설 추가
융합산업	×	가목부터 자목까지의 규정에 해당하는 각 문화산업 중 둘 이상이 혼합된 산업	융합산업 신설 추가

〈표 2-7〉 문화산업 영역별 법률적 정의 주요 변동(2011년과 2014년 비교)

연도	2011년	2014년	주요 변동
대중문화예술	×	대중문화예술산업	대중문화예술산업 신설 추가

「대중문화예술산업발전법」에서는 "대중문화예술산업"을 "대중문화예술인이 제공하는 대중문화예술용역을 이용하여 방송영상물·영화·비디오물·공연물·음반·음악파일·음악영상물·음악영상파일 등(이하 "대중문화예술제작물"이라 한다)을 제작하거나 대중문화예술제작물의 제작을 위하여 대중문화예술인의 대중문화예술용역 제공을 알선·기획·관리 등을 하는 산업"으로 정의하고, "대중문화예술용역"은 "대중문

화예술산업에서 연기·무용·연주·가창·낭독, 그 밖의 예능과 관련한 용역"으로 정의하였다.[23] 이 법의 시행령에서는 대중문화예술산업의 범위를 다음과 같이 명시하였다.[24]

1. 대중문화예술인이 제공하는 대중문화예술용역을 이용하여 다음 각 목의 대중문화예술제작물을 제작하는 산업
   가. 「공연법」에 따른 공연물(무용, 연극, 국악 형태의 공연물은 제외한다)
   나. 「방송법」에 따른 방송을 위하여 제작된 영상물(보도, 교양 분야의 영상물은 제외한다)
   다. 「영화 및 비디오물의 진흥에 관한 법률」에 따른 영화 및 비디오물
   라. 「음악산업진흥에 관한 법률」에 따른 음반, 음악파일, 음악영상물 및 음악영상파일
   마. 이미지를 활용한 제작물
2. 제1호 각 목에 따른 대중문화예술제작물의 제작을 위하여 대중문화예술인의 대중문화예술용역을 제공 또는 알선하거나, 그 제공 또는 알선을 위하여 대중문화예술인에 대한 훈련·지도·상담 등을 하는 산업

23 「대중문화예술산업발전법」 제2조(2014년 1월 28일 제정, 2014년 7월 29일 시행).
24 「대중문화예술산업발전법」 시행령 제2조(2014년 7월 28일 제정, 2014년 7월 29일 시행).

〈표 2-8〉 문화산업의 법률적 영역 변동

연도	1999년	2002년
분야 / 법률	제정	전부개정
영화 비디오물	- 영화진흥법의 규정에 의한 영화와 관련된 산업 - 음반·비디오물 및 게임물에 관한 법률의 규정에 의한 음반, 비디오물, 게임물과 관련된 산업	- 영화와 관련된 산업 - 음반·비디오물·게임물과 관련된 산업
음악 게임		
출판 인쇄 정기간행물	출판사 및 인쇄소의 등록에 관한 법률과 정기간행물의 등록 등에 관한 법률의 규정에 의한 출판·인쇄물·정기간행물과 관련된 산업	출판·인쇄물·정기간행물과 관련된 산업
방송영상물	- 방송법의 규정에 의한 방송프로그램과 관련된 산업 - 종합유선방송법의 규정에 의한 방송프로그램과 관련된 산업	방송영상물과 관련된 산업
문화재	문화재보호법의 규정에 의한 문화재와 관련된 산업	문화재와 관련된 산업
만화 캐릭터 애니메이션 에듀테인먼트 모바일문화콘텐츠 디자인 광고 공연 미술품 공예품	예술성·창의성·오락성·여가성·대중성(이하 "文化的 要所"라 한다)이 체화되어 경제적 부가가치를 창출하는 캐릭터, 애니메이션, 디자인(産業디자인을 제외한다), 광고, 공연, 미술품, 전통공예품과 관련된 산업	예술성·창의성·오락성·여가성·대중성(이하 "문화적 요소"라 한다)이 체화되어 경제적 부가가치를 창출하는 캐릭터·애니메이션·디자인(산업디자인은 제외한다)·광고·공연·미술품·공예품과 관련된 산업

2006년	2009년	2011년	2014년
일부개정	일부개정	일부개정	타법개정
- 영화와 관련된 산업 - **음반·비디오물**·게임물과 관련된 산업	영화·**비디오물**과 관련된 산업 **음악·게임**과 관련된 산업	영화·비디오물과 관련된 산업 음악·게임과 관련된 산업	영화·비디오물과 관련된 산업 음악·게임과 관련된 산업
출판·인쇄**물**·정기간행물과 관련된 산업	출판·**인쇄**·정기간행물과 관련된 산업	출판·인쇄·정기간행물과 관련된 산업	출판·인쇄·정기간행물과 관련된 산업
방송영상물과 관련된 산업	방송영상물과 관련된 산업	방송영상물과 관련된 산업	방송영상물과 관련된 산업
문화재와 관련된 산업	문화재와 관련된 산업	문화재와 관련된 산업	문화재와 관련된 산업
만화·캐릭터·애니메이션·**에듀테인먼트·모바일문화콘텐츠**·디자인(산업디자인은 제외한다)·광고·공연·미술품·공예품과 관련된 산업	만화·캐릭터·애니메이션·에듀테인먼트·모바일문화콘텐츠·디자인(산업디자인은 제외한다)·광고·공연·미술품·공예품과 관련된 산업	만화·캐릭터·애니메이션·에듀테인먼트·모바일문화콘텐츠·디자인(산업디자인은 제외한다)·광고·공연·미술품·공예품과 관련된 산업	만화·캐릭터·애니메이션·에듀테인먼트·모바일문화콘텐츠·디자인(산업디자인은 제외한다)·광고·공연·미술품·공예품과 관련된 산업

연도	1999년	2002년
법률 분야	제정	전부개정
디지털문화콘텐츠 사용자제작문화콘텐츠 멀티미디어문화콘텐츠	영상소프트웨어 중 양방향성 멀티미디어 기술을 이용한 멀티미디어 컨텐츠와 관련된 산업(정보통신 관련 기술지원은 제외한다)	디지털문화콘텐츠의 수집·가공·개발·제작·생산·저장·검색·유통 등과 이에 관련된 서비스를 행하는 산업
대중문화예술	×	×
전통산업 의상 조형물 장식용품 소품 생활용품	기타 전통의상·식품등 대통령령으로 정하는 산업	그 밖에 전통의상·식품 등 대통령령으로 정하는 산업
문화상품 전시회 박람회 견본시장 축제	×	×
융합산업	×	×

2006년	2009년	2011년	2014년
일부개정	일부개정	일부개정	타법개정
디지털문화콘텐츠 및 멀티미디어문화콘텐츠의 수집·가공·개발·제작·생산·저장·검색·유통 등과 이에 관련된 서비스를 행하는 산업	디지털문화콘텐츠, 사용자제작문화콘텐츠 및 멀티미디어문화콘텐츠의 수집·가공·개발·제작·생산·저장·검색·유통 등과 이에 관련된 서비스를 하는 산업	디지털문화콘텐츠, 사용자제작문화콘텐츠 및 멀티미디어문화콘텐츠의 수집·가공·개발·제작·생산·저장·검색·유통 등과 이에 관련된 서비스를 하는 산업	디지털문화콘텐츠, 사용자제작문화콘텐츠 및 멀티미디어문화콘텐츠의 수집·가공·개발·제작·생산·저장·검색·유통 등과 이에 관련된 서비스를 하는 산업
×	×	×	대중문화예술산업
그 밖에 전통의상·식품 등 전통문화 자원을 활용하는 산업으로서 대통령령으로 정하는 산업	그 밖에 전통의상·식품 등 전통문화 자원을 활용하는 산업으로서 대통령령으로 정하는 산업	전통적인 소재와 기법을 활용하여 상품의 생산과 유통이 이루어지는 산업으로서 의상, 조형물, 장식용품, 소품 및 생활용품 등과 관련된 산업	전통적인 소재와 기법을 활용하여 상품의 생산과 유통이 이루어지는 산업으로서 의상, 조형물, 장식용품, 소품 및 생활용품 등과 관련된 산업
×	×	문화상품을 대상으로 하는 전시회·박람회·견본시장 및 축제 등과 관련된 산업. 다만, 「전시산업발전법」 제2조 제2호의 전시회·박람회·견본시장과 관련된 산업은 제외한다.	문화상품을 대상으로 하는 전시회·박람회·견본시장 및 축제 등과 관련된 산업. 다만, 「전시산업발전법」 제2조 제2호의 전시회·박람회·견본시장과 관련된 산업은 제외한다.
×	×	가목부터 자목까지의 규정에 해당하는 각 문화산업 중 둘 이상이 혼합된 산업	가목부터 차목까지의 규정에 해당하는 각 문화산업 중 둘 이상이 혼합된 산업

「문화산업진흥 기본법」이 1999년에 제정된 이후 문화 관련 산업 영역은 〈표 2-8〉에서 보는 바와 같이 지속적으로 변동되어 왔으며 앞으로도 계속 변동될 것으로 예상된다.

3) 콘텐츠와 콘텐츠산업의 법적 개념 변화

2002년에 제정된 「온라인 디지털콘텐츠산업 발전법」에서는 "디지털콘텐츠"를 "부호·문자·음성·음향·이미지 또는 영상 등으로 표현된 자료 또는 정보로서 그 보존 및 이용에 있어서 효용을 높일 수 있도록 전자적 형태로 제작 또는 처리된 것"[25]으로 정의하고 있다. 이 법에서 "온라인디지털콘텐츠"는 "정보통신망이용촉진 및 정보보호 등에 관한 법률 제2조 제1항 제1호의 규정에 의한 정보통신망(이하 "정보통신망"이라 한다)에서 사용되는 디지털콘텐츠"로 정의하고 있으며, "온라인디지털콘텐츠산업"은 "온라인디지털콘텐츠를 수집·가공·제작·저장·검색·송신 등과 이와 관련된 서비스를 행하는 산업"으로 정의하고 있다.[26] 이 법이 제정될 당시에는 문화부와 정보통신부가 분리되어 있었으며, 「온라인 디지털콘텐츠산업 발전법」은 정보통신부가 관할하였기에 '디지털콘텐츠', '온라인디지털콘텐츠', '온라인디지털콘텐츠산업'의 정의는 정보

25 「온라인 디지털콘텐츠산업 발전법」 제2조 제1호(2002년 1월 14일 제정, 2002년 7월 15일 시행).

26 「온라인 디지털콘텐츠산업 발전법」 제2조 제2호, 제3호(2002년 1월 14일 제정, 2002년 7월 15일 시행).

〈표 2-9〉 디지털콘텐츠의 법률적 정의 변동

연도	법률	법률상 정의	변동사항
2002	온라인디지털 콘텐츠산업 발전법	부호·문자·음성·음향·**이미지** 또는 영상 등으로 표현된 자료 또는 정보로서 그 보존 및 이용에 있어서 효용을 높일 수 있도록 **전자적** 형태로 제작 또는 처리된 것	신설 제정
2002	문화산업진흥 기본법	부호·문자·음성·음향 및 영상 등의 자료 또는 정보로서 그 보존 및 이용에 효용을 높일 수 있도록 **디지털** 형태로 제작 또는 처리한 것	전부개정
2010	문화산업진흥 기본법	부호·문자·**도형·색채**·음성·음향·**이미지** 및 영상 등**(이들의 복합체를 포함한다)**의 자료 또는 정보로서 그 보존 및 이용의 효용을 높일 수 있도록 디지털 형태로 제작하거나 처리한 것	콘텐츠산업 진흥법에서는 '디지털콘텐츠' 용어 정의 삭제

〈표 2-10〉 콘텐츠의 법률적 정의 변동

연도	법률	법률상 정의	변동사항
2002	문화산업진흥 기본법	부호·문자·음성·음향 및 영상 등의 자료 또는 정보	전부개정
2010	콘텐츠산업 진흥법	부호·문자·**도형·색채**·음성·음향·**이미지** 및 영상 등**(이들의 복합체를 포함한다)**의 자료 또는 정보	전부개정
	문화산업진흥 기본법		타법개정

통신 분야에서 사용되는 용어로 명시되었다.

2010년에 「온라인 디지털콘텐츠산업 발전법」이 「콘텐츠산업 진흥법」으로 전부개정되었고, 관련 용어에 대한 정의도 개정되었다. "콘텐츠"를 "부호·문자·도형·색채·음성·음향·이미지 및 영상 등(이들의 복합체를 포함한다)의 자료 또는 정보"로 정의하고, "콘텐츠산업"은 "경제적 부

〈표 2-11〉 콘텐츠 연관 용어의 법률적 정의 변동

연도	용어	법률	법률상 정의	변동사항
2002	디지털 콘텐츠	온라인 디지털 콘텐츠 산업발전법	부호·문자·음성·음향·**이미지** 또는 영상 등으로 표현된 자료 또는 정보로서 그 보존 및 이용에 있어서 효용을 높일 수 있도록 **전자적** 형태로 제작 또는 처리된 것	신설제정
2002	온라인 디지털 콘텐츠	온라인 디지털 콘텐츠 산업발전법	정보통신망이용촉진 및 정보보호 등에 관한 법률 제2조 제1항 제1호의 규정에 의한 정보통신망(이하 "정보통신망"이라 한다)에서 사용되는 디지털콘텐츠	신설제정
2002	콘텐츠	문화산업 진흥기본법	부호·문자·음성·음향 및 영상 등의 자료 또는 정보	전부개정
	디지털 콘텐츠		부호·문자·음성·음향 및 영상 등의 자료 또는 정보로서 그 보존 및 이용에 효용을 높일 수 있도록 **디지털** 형태로 제작 또는 처리한 것	전부개정
	디지털 문화 콘텐츠		문화적 요소가 체화되어 **경제적 부가가치를 창출하는** 디지털콘텐츠	전부개정
	멀티 미디어 콘텐츠		부호·문자·음성·음향 및 영상 등과 관련된 미디어를 유기적으로 복합시켜 새로운 표현 및 저장기능을 갖게 한 콘텐츠	전부개정
2006	문화 콘텐츠	문화산업 진흥기본법	문화적 요소가 체화된 콘텐츠	일부개정조항 신설
	디지털 문화 콘텐츠		문화적 요소가 체화된 디지털 콘텐츠	'경제적 부가가치를 창출하는' 삭제

2010	콘텐츠	콘텐츠산업 진흥법 문화산업 진흥기본법	부호·문자·**도형·색채**·음성·음향·**이미지** 및 영상 등**(이들의 복합체를 포함한다)**의 자료 또는 정보	전부개정 타법개정
	디지털 콘텐츠	문화산업 진흥기본법	부호·문자·**도형·색채**·음성·음향·**이미지** 및 영상 등**(이들의 복합체를 포함한다)**의 자료 또는 정보로서 그 보존 및 이용의 효용을 높일 수 있도록 디지털 형태로 제작하거나 처리한 것	콘텐츠산업 진흥법에서는 '디지털콘텐츠' 용어 정의 삭제
	멀티 미디어 콘텐츠	문화산업 진흥기본법	부호·문자·**도형·색채**·음성·음향·**이미지** 및 영상 등**(이들의 복합체를 포함한다)**과 관련된 미디어를 유기적으로 복합시켜 새로운 표현기능 및 저장기능을 갖게 한 콘텐츠	콘텐츠산업 진흥법에서는 '멀티미디어콘텐츠' 용어 정의 삭제

가가치를 창출하는 콘텐츠 또는 이를 제공하는 서비스(이들의 복합체를 포함한다)의 제작·유통·이용 등과 관련한 산업"으로 정의하였다.[27]

정보통신부가 관장하던 '디지털콘텐츠'와 문화부가 관장하던 '콘텐츠'를 문화체육관광부가 통합하여 관장하면서 이와 관련된 용어들에 대한 정의도 다시 개정되었다. 이러한 과정에서 '콘텐츠' 정의에 '문화' 분야의 표현방식보다는 '정보통신기술' 분야의 속성이 많이 반영되어 표현되었다.

〈표 2-11〉에서 볼 수 있는 바와 같이 '콘텐츠' 연관 용어들의 정의에

27 「콘텐츠산업 진흥법」 제2조 제1호 및 제2호(2010년 6월 10일 전부개정, 2010년 12월 11일 시행).

서는 문화적 표현을 찾아보기 어려우며, '문화적 요소가 체화된'이라는 수식을 통해서 '문화콘텐츠'를 정의하고 있다. 이는 '콘텐츠' 중에 '문화적 요소가 체화된 것'과 '문화적 요소가 체화되지 않은 것'으로 나누어 '문화적 요소가 체화된 것'만이 문화산업에서 다루고 있는 영역이 될 수 있다는 것이다. 따라서 '콘텐츠' 자체는 문화산업의 영역보다 더 크고 다른 영역을 포함하고 있다는 의미로 해석된다. 그러나, 「콘텐츠산업 특수분류」에서 지정한 영역은 '문화산업'보다 그 범위가 크지 않을 뿐만 아니라, 「콘텐츠산업 진흥법」에서 명시하고 있는 기능적 영역은 「문화산업진흥 기본법」에서 명시하고 있는 기능적 영역보다 제한적이다. 이런 상황을 고려할 때 「콘텐츠산업 진흥법」이 콘텐츠산업 진흥에 관하여 「문화산업진흥 기본법」보다 우선하여 적용되는 것은 바람직하지 않다.

4) 문화산업의 개념 비교와 문화향품

'문화산업'의 대상으로 인식되는 '문화예술', '문화상품', '콘텐츠' 및 '문화콘텐츠'의 법률적 정의는 여러 차례에 걸쳐 변동되었다. 이 용어들은 여러 법률에 의해 다른 이름으로 불리거나, 이름은 같아도 그 정의가 다른 경우도 있다. '콘텐츠'라는 용어는 「문화산업진흥 기본법」과 「콘텐츠산업 진흥법」에서 동일한 정의를 하고 있지만, 그 영역은 추상적으로 제시되어 있다.

「문화예술진흥법」과 「문화산업진흥 기본법」은 '문화산업'이라는 용어는 같이 사용하고 있지만 그 개념은 각각 다르게 정의하고 있다. 다만

〈표 2-12〉 문화산업 관련 용어의 법률적 정의 비교

용어	문화예술 (2022)	문화상품 (2009)	문화콘텐츠 (2006)	콘텐츠 (2010)
정의	문학, 미술(응용미술을 포함한다), 음악, 무용, 연극, 영화, 연예(演藝), 국악, 사진, 건축, 어문(語文), 출판, 만화, 게임, 애니메이션 및 뮤지컬 등 지적, 정신적, 심미적 감상과 의미의 소통을 목적으로 개인이나 집단이 자신 또는 타인의 인상(印象), 견문, 경험 등을 바탕으로 수행한 창의적 표현활동과 그 결과물	예술성·창의성·오락성·여가성·대중성(이하 "문화적 요소"라 한다)이 체화(體化)되어 경제적 부가가치를 창출하는 유형·무형의 재화(문화콘텐츠, 디지털문화콘텐츠 및 멀티미디어문화콘텐츠를 포함한다)와 그 서비스 및 이들의 복합체	문화적 요소가 체화된 콘텐츠	부호·문자·도형·색채·음성·음향·이미지 및 영상 등(이들의 복합체를 포함한다)의 자료 또는 정보
법률	문화예술진흥법	문화산업진흥 기본법	문화산업진흥기본법	콘텐츠산업진흥법/문화산업진흥기본법

「문화예술진흥법」의 "문화예술의 창작물 또는 문화예술 용품"과 「문화산업진흥 기본법」의 "경제적 부가가치를 창출하는 유형·무형의 재화"는 '문화상품'과 같은 개념으로도 볼 수 있다. 문화산업의 기능 영역을 「문화예술진흥법」에서는 '기획·제작·공연·전시·판매'로 표시하고 있고 「문화산업진흥 기본법」에서는 '기획·개발·제작·생산·유통·소비'로 표시하고 있어서 일부 차이가 있지만, '기획'을 중요한 영역으로 언급하는 건 똑같다. 한편, 「콘텐츠산업 진흥법」의 콘텐츠산업의 기능 영역은 '제작·유통·이용'으로 '기획' 영역이 '제작' 영역에 포함되어 있다.

〈표 2-13〉 문화산업과 콘텐츠산업의 법률적 정의 비교

용어	문화산업(2003)		콘텐츠산업(2010)
정의	문화예술의 창작물 또는 문화예술 용품을 산업 수단에 의하여 기획·제작·공연·전시·판매하는 것을 업(業)으로 하는 것	문화상품의 기획·개발·제작·생산·유통·소비 등과 이에 관련된 서비스를 행하는 산업	경제적 부가가치를 창출하는 콘텐츠 또는 이를 제공하는 서비스(이들의 복합체를 포함한다)의 제작·유통·이용 등과 관련한 산업
법률	문화예술진흥법	문화산업진흥 기본법	콘텐츠산업 진흥법

'문화산업'과 '콘텐츠산업'의 개념을 기존의 법제도에서 정의하고 있는 내용을 바탕으로 그 산업의 기능, 산업대상 및 영역으로 종합적으로 정리하면 다음과 같다.

「문화예술진흥법」에서 정의하는 "문화산업"은 "문학, 미술(응용미술을 포함한다), 음악, 무용, 연극, 영화, 연예(演藝), 국악, 사진, 건축, 어문(語文), 출판, 만화, 게임, 애니메이션 및 뮤지컬 등 지적, 정신적, 심미적 감상과 의미의 소통을 목적으로 개인이나 집단이 자신 또는 타인의 인상(印象), 견문, 경험 등을 바탕으로 수행한 창의적 표현활동과 그 창작결과물 또는 이들 용품을 산업 수단에 의하여 기획·제작·공연·전시·판매하는 것을 업(業)으로 하는 것"으로 정의할 수 있다.

「문화산업진흥 기본법」에서 정의하는 "문화산업"은 "예술성·창의성·오락성·여가성·대중성(이하 "문화적 요소"라 한다)이 체화(體化)되어 경제적 부가가치를 창출하는 유형·무형의 재화(문화콘텐츠, 디지털문화콘텐츠 및 멀티미디어문화콘텐츠를 포함한다)와 그 서비스 및 이들의 복합체의 기획·개발·제작·생산·유통·소비 등과 이에 관련된 서비스를 행하는

산업"으로 정의할 수 있다. 그 산업은 영화·비디오물, 음악·게임, 출판·인쇄·정기간행물, 방송영상물, 문화재, 만화·캐릭터·애니메이션·에듀테인먼트·모바일문화콘텐츠·디자인(산업디자인은 제외한다)·광고·공연·미술품·공예품, 디지털문화콘텐츠, 사용자제작문화콘텐츠 및 멀티미디어문화콘텐츠의 수집·가공·개발·제작·생산·저장·검색·유통 등과 이에 관련된 서비스, 대중문화예술산업, 전통적인 소재와 기법을 활용하여 상품의 생산과 유통이 이루어지는 산업으로서 의상, 조형물, 장식용품, 소품 및 생활용품, 문화상품을 대상으로 하는 전시회·박람회·견본시장 및 축제와 관련된 산업으로 분류할 수 있다.

「콘텐츠산업 진흥법」 및 「콘텐츠산업 특수분류」에서 정의하는 "콘텐츠산업"은 "경제적 부가가치를 창출하는 부호·문자·도형·색채·음성·음향·이미지 및 영상 등(이들의 복합체를 포함한다)의 자료 또는 정보 또는 이를 제공하는 서비스(이들의 복합체를 포함한다)의 제작·유통·이용 등과 관련한 산업"으로 정의할 수 있으며, 그 산업은 출판, 만화, 음악, 영화, 게임, 애니메이션, 방송, 광고, 캐릭터, 지식정보, 콘텐츠솔루션, 공연 분야의 산업으로 분류할 수 있다.

법제도에서 정의된 '문화산업'과 '콘텐츠산업'의 분류체계는 깊이 있는 분석을 통해 변화되어야 한다. 산업의 대상에 전자매체의 특성이 과도하게 반영되고 있으며, 산업의 영역 분류 기준도 기능 분류와 대상 분류가 혼재되어 있다. 이러한 문제점은 앞으로 지속적인 연구를 통해 수정되어야 하지만, 현재 문화산업 현장에서 참고할 수 있도록 기존 법제도의 내용을 토대로 문화산업의 개념을 정리해 본다.

〈표 2-14〉 대한민국 법제도상의 '문화산업'과 '콘텐츠산업' 개념 비교

<table>
<tr><th></th><th colspan="2">문화산업</th><th>콘텐츠산업</th></tr>
<tr><td>법
제도</td><td>문화예술진흥법</td><td>문화산업진흥 기본법</td><td>콘텐츠산업 진흥법 및 콘텐츠산업 특수분류</td></tr>
<tr><td>기능</td><td>기획·제작·공연·전시·판매</td><td>기획·개발·제작·생산·유통·소비 등과 이에 관련된 서비스</td><td>제작·유통·이용</td></tr>
<tr><td>대상</td><td rowspan="2">문학, 미술(응용미술을 포함한다), 음악, 무용, 연극, 영화, 연예(演藝), 국악, 사진, 건축, 어문(語文), 출판, 만화, 게임, 애니메이션 및 뮤지컬 등 지적, 정신적, 심미적 감상과 의미의 소통을 목적으로 개인이나 집단이 자신 또는 타인의 인상(印象), 견문, 경험 등을 바탕으로 수행한 창의적 표현활동과 그 창작결과물 또는 그 용품</td><td>예술성·창의성·오락성·여가성·대중성("문화적 요소")이 체화(體化)되어 경제적 부가가치를 창출하는 유형·무형의 재화(문화콘텐츠, 디지털문화콘텐츠 및 멀티미디어문화콘텐츠 포함)와 그 서비스 및 이들의 복합체</td><td>경제적 부가가치를 창출하는 부호·문자·도형·색채·음성·음향·이미지 및 영상 등(이들의 복합체 포함)의 자료 또는 정보 또는 이를 제공하는 서비스(이들의 복합체 포함)</td></tr>
<tr><td>영역</td><td>영화·비디오물, 음악·게임, 출판·인쇄·정기간행물, 방송영상물, 문화재, 만화·캐릭터·애니메이션·에듀테인먼트·모바일문화콘텐츠·디자인(산업디자인 제외)·광고·공연·미술품·공예품, 디지털문화콘텐츠, 사용자제작문화콘텐츠 및 멀티미디어문화콘텐츠의 수집·가공·개발·제작·생산·저장·검색·유통 등과 이에 관련된 서비스, 대중문화예술산업, 전통적인 소재와 기법을 활용하여 상품의 생산과 유통이 이루어지는 산업으로서 의상, 조형물, 장식용품, 소품 및 생활용품, 문화상품을 대상으로 하는 전시회·박람회·견본시장 및 축제</td><td>출판, 만화, 음악, 영화, 게임, 애니메이션, 방송, 광고, 캐릭터, 지식정보, 콘텐츠솔류션, 공연</td></tr>
</table>

첫째, 이 산업의 가치사슬은 기획창작단계인 '기획·개발', 사업화단계인 '제작·생산', 활용유통단계인 '공연·전시·유통', 그리고 소비향유단계인 '소비·이용·판매'로 나누어 볼 수 있다.

둘째, 이 산업의 대상은 예술성·창의성·오락성·여가성·대중성 등의 문화적 요소가 체화(體化)되어 경제적 부가가치를 창출하는 유형·무형의 재화인 부호·문자·도형·색채·음성·음향·이미지 및 영상 등의 자료·정보 및 이를 제공하는 서비스의 복합체를 의미한다.

셋째, 이 산업의 영역은 크게 무형의 문화상품, 유형으로 표현되는 문화상품, 전자매체의 문화상품으로 나누어 볼 수 있다. 구체적인 무형 영역은 캐릭터, 만화, 영화, 국악을 포함한 음악, 무용·연극·축제를 포함한 공연, 연예(演藝), 미술·디자인 요소를 활용한 광고, 인쇄·정기간행물·문학·어문(語文)을 아우르는 출판, 애니메이션·비디오물을 포함한 방송영상물 및 게임 등으로 나누어 볼 수 있다. 또한, 유형의 형태인 건축, 문화재, 미술품, 공예품, 의상, 조형물, 장식용품, 소품 및 생활용품 등과 지식정보·콘텐츠솔루션·에듀테인먼트·모바일문화콘텐츠·디지털문화콘텐츠·사용자제작문화콘텐츠·멀티미디어문화콘텐츠 등의 전자매체 기반의 문화상품이 산업의 영역에 포함된다. 아울러, 이러한 문화상품을 위한 전시회·박람회·견본시장 등의 문화공간과 사진 및 대중문화예술산업 등도 산업의 영역으로 포함될 수 있다.

글쓴이는 '문화상품' 또는 '콘텐츠'를 대체할 용어로 '문화향품(文化享品)'이라는 낱말의 사용을 제안한다. '콘텐츠(Contents 또는 Content)'는 '내용물'이라는 의미의 낱말로 여러 가지 의미를 포함한 상태에서 '문화상품'을 일부 대체하는 용어로 사용되고 있으며 '콘텐츠', '콘텐트', '컨텐츠', '컨텐트' 등 여러 가지 방식으로 표기되고 있다.[28] '문화상품(文化商品)'에서 '상품'은 일반적으로 "사고파는 물품"으로 정의되며, 경제적으로 "장사로 파는 물건. 또는 매매를 목적으로 한 재화(財貨)", 법률적으로 "상거래를 목적으로 하는 물건" 등으로 정의된다.[29] 그래서 영리적 목적을 강조하고 공공성을 추구하는 경우를 배제하는 느낌을 주는 '문화상품'을 대신하여 '문화향품'의 사용을 제안한다. '문화향품(文化享品)'은 "문화가치를 향유(享有)하는 것"으로 영리성과 공공성을 모두 포함할 수 있는 낱말이다. 용어에 대한 개념 확립을 새롭게 해야 '문화산업'의 개념을 바로 세울 수 있다.

28 한국교육학술정보원에서 운영하는 학술자료검색누리망(https://www.riss.kr)에서 '콘텐츠'는 324,384건, '콘텐트'는 783건, '컨텐츠'는 324,081건, '컨텐트'는 848건이 검색됨(2019. 3. 9 검색).

29 표준국어대사전(https://stdict.korean.go.kr, 2023. 8. 9 검색).

3

문화산업 가치사슬

제조업과 서비스업의 경계가 불분명한 문화산업을 분석하기 위해서는 기존의 정량적 산업분석보다 가치사슬 분석이 더 유용하다.[1] 가치사슬이란 한 분야의 산업(또는 사업)에서 사슬같이 이어져서 앞에서 발생한 가치를 토대로 잇달아 또 다른 가치들이 계속 발생하는 과정을 말한다. 마이클 포터(Michael Porter)에 의하면 가치사슬 분석은 상품의 생산, 분배, 교환, 소비 과정에서 발생하는 부가가치를 분석하는 것으로 기업이 제품을 설계, 생산, 판매, 지원하는 과정과 활동을 지칭하며, 제품 원재료 생산자 또는 부품공급자로부터 최종 사용자에 이르기까지 부가가치를 창출하는 데 기여된 모든 활동이다.[2] 가치사슬의 과정에서 어느 한 부분이라도 문제가 발생하면 가치사슬 전체에 영향을 미치기 때문에 서로의 연결을 중요하게 여겨 '사슬'이라는 낱말을 사용하

1 최정수, 「경북 문화산업의 가치사슬 특성」, 『한국경제지리학회지』 제9권 제1호, 한국경제지리학회, 2006, 39-60쪽.

2 김의준, 권영현, 「지역문화산업의 가치사슬 분석—제주도와 수도권을 중심으로」, 제주관광학회, 2011 추계 정기학술대회 발표논문집, 2011, 170-186쪽.

는데, 산업(또는 사업)이 발전하려면 가치사슬 전체가 잘 연결되어 각각의 과정이 다른 과정에 긍정적인 영향을 주어야 한다. 가치사슬을 이해하면 해당 산업(또는 사업)을 제대로 파악할 수 있다. 산업(또는 사업)을 진흥(활성화)하기 위해서는 가치사슬 중에 어떤 부분에 문제가 있는지를 파악하여 그 문제를 해결하는 정책(방안)을 수립하면 된다.

1) 문화산업의 가치사슬

(1) 가치사슬(Value Chain)

나무 의자를 사서 사용하고 싶은 소비자의 욕구가 충족되려면 여러 과정이 필요하다. 산에 묘목을 심어 나무를 키우는 과정, 성장한 나무를 베어 산에서 제재소로 운반하는 과정, 제재소에서 원목을 건조시켜 목재를 만드는 과정, 제재목을 다듬어서 디자인에 따라 나무 의자를 만드는 과정, 완성된 나무 의자를 가게에 전시하고 판매하는 과정, 판매된 나무 의자를 소비자에게 전달하는 과정 등이 필요하다. 이런 일련의 과정을 거치면서 하나의 나무 의자가 완성되어 소비자에게 전달될 때까지 계속해서 나무와 나무 의자의 가치는 조금씩 높아진다. 산에 심은 어린 묘목이 자라면서 나무의 가치가 높아지고, 그 나무가 벌목되어 제재소로 옮겨진 이후에 그 산업적 가치는 커진다. 나무가 제재소에서 가공되고 나무 의자로 만들어지면 그 가치는 또 커진다. 만들어진 나무 의자가 품질검사를 통과하면 그 나무 의자의 가치는 다시 커지며, 나무 의자에 예술 또는 문화적 감성을 추가하는 과정이 이루어졌다면 그 가치는 점점 더 커진다. 이렇게 한 과정을 거칠 때마다 그 가치가 커지고 이러한 과정들은 사슬처럼 이어져 있기에 이를 '가치사슬(Value Chain)'이라고 부른다.

가치사슬의 한 과정에 문제가 발생하면 그 문제는 다른 과정에까지 영향을 미친다. 예를 들어 산불이 나거나 기후변화 또는 병충해 등으로 산에 나무가 줄어들거나 없어지면 좋은 목재를 구하는 것이 어려워지고 나무 의자의 생산이 줄어들게 된다. 나무 의자를 설계하거나 만들 수 있는 사람이 부족해도 소비자는 좋은 나무 의자를 구입하기 어렵게 된다. 그런데 목재도 많고 장인도 많아 멋있는 나무 의자를 많이 만들어 놓아도, 소비자가 그 나무 의자를 어디서 살 수 있는지를 모르면 나무 의자를 구입하기 어렵다. 심지어 가게에서 구입한 나무 의자를 소비자가 원하는 장소로 배달하는 데 시간이나 비용이 너무 많이 들어도 곤란해진다. 즉, 가치사슬의 모든 과정이 그 역할을 제대로 수행할 때 비로소 소비자는 좋은 나무 의자를 합리적인 가격으로 살 수 있는 것이다.

가치사슬의 과정별 사업자는 다른 과정에서 해결하지 못하는 문제를 해결하여 추가적인 가치를 창출하여야 한다. 만일 과정별 사업자가 추가적인 가치를 만들어 내지 못하면 그 과정은 생략되어 가치사슬에서 빠지게 된다.

때로는 기존의 과정을 다른 방식으로 해결하는 대체 사업자가 등장하여 가치사슬의 형태가 변화되기도 한다. 소비자가 직접 산에 묘목을 심고 나무가 자라면 그 나무를 잘라서 나무 의자를 만들 수도 있다. 옛날에는 딸을 낳으면 오동나무를 심어서 그 딸이 시집을 갈 때 혼수가구를 만들어 주었다고도 한다. 소비자가 모든 과정을 직접 진행하여 생산하고 소비하는 이런 방식을 자가생산(自家生産, self-production) 또는 자가소비(自家消費, self-consumption)라고 한다. 판매를 목적으로 하지 않고 자기가 직접 사용할 목적으로 생산하여 소비하는 방식이다. 혼자 즐기기 위해 노래를 만들어서 부르거나 자신의 집을 꾸미기 위해서 직접 그린 그림을 벽에 걸어 놓는 경우처럼 산업적인 생산과 소비가 배제된 방식이다. 이런 방식에서도 가치사슬의 일부 과정은 여전히 존재한다. 오동나무를 자르고 다듬는 연장 도구, 노래를 만드는 과정에 도움이 되는 악기와 그림을 그리기 위한 재료가 적절하게 제공되어야 그 소비자는 자가생산과 자가소비 행위를 제대로 할 수 있다.

산업(産業)은 풍요로운 생활을 위해서 재화를 생산하거나 서비스를 제공하는 것으로, 판매를 목적으로 한다. 생산자와 소비자가 다른 사람이며, 생산자와 소비자의 연결을 담당하는 유통자가 있는 경우가 많다. 나무 의자가 생산업체, 유통업체, 소비집단 간에 거래될 때 지불되는 비용은 소비집단에 가까워질수록 높아진다. 결제 조건이나 계약 방식에 따라 다르지만, 가구공장에서 3만 원의 생산원가로 만든 나무 의자는 가구 유통업체인 도매업체에 5만 원 정도로 판매되고, 도매업체는 소매업체인 매장에 6만 원 정도의 금액을 받고 공급하며, 소비자는 10만 원을 지불하고 나무 의자를 구입한다고 가정해 보자. 소비자가 매장에서 나무 의자를 사지 않고 직접 가구공장에 가서 사면 더 싸게 살 수 있을 것 같은데, 왜 소비자는 매장에 가서 의자를 살까? 소비자가 직접 생산공장에 가서 의자를 사는 것보다 매장에서 사는 것이 소비자에게 더 편리하기 때문이다. 소비자가 직접 생산공장을 찾아내고 공장까지 가는 데 걸리는 시간과 비용, 선택할 수 있는 상품의 다양성, 의자에 대한 친절한 안내 등을 고려하여 소비자는 의자를 사러 생산공장을 갈 것인지 매장에 갈 것인지를 결정한다. 소매업체가 생산공장과 직접 거래를 하지 않고 도매업체를 통해서 물건을 공급받는 것도 이유가 있다. 예를 들어, 도매업체는 여러 생산공장의 가구를 여러 소매업체에 배달해 줄 수 있기 때문에 한 개의 나무 의자를 운송하는 데 추가적으로 발생하는 비용은 크지 않다. 나무 의자를 생산하는 공장의 생산원가는 3만 원이며 출고가는 5만 원인데, 소매업체에 나무 의자 한 개만 배달하는 비용이 4만 원이라면 소매업체는 생산공장에 9만 원(5만 원+4만 원)을 지불해야 한다. 소매업체 입장에서는 도매업체에 6만 원을 지불하고 나무 의자를 제공받는 것이 유리하다. 하지만 도매업체나 소매업체가 제공하는 가치가 필요하지 않거나 그 가치의 효용이 적어지면 유통업체를 이용할 이유가 없어지고 가치사슬의 형태는 바뀌게 된다. 최근에는 원격으로 물건을 구매하는 무점포판매(이동통신, 누리망, TV 등의 홈쇼핑)나 해외 직접구매와 같은 거래방식이 확산되면서 기존의 가치사슬의 과정에 많은 변화가 생기고 있다.

전통적인 만화산업 가치사슬은 작가, 출판사, 서점, 독자로 구성되어 있다. 작가가 만화를 창작하면 출판사는 계약한 작가의 만화책을 기획·제작하고 만화책과 작가를 홍보한다. 서점은 책을 전시하고 판매하며 그 대가로 판매수수료를 가진다. 출판사는 서점에 책의 공급과 반품관리 등의 역할을 서적유통업체(일명 밴더사)에 의뢰하고 판매관리 수수료를 지불한다. 이러한 출판사, 서적유통업체와 서점의 역할은 누리망과 이동통신을 활용하는 전자매체들로 대체되면서 전통적인 만화 산업 가치사슬이 변화되고 있다. 또한, 이러한 전자매체들의 등장에 따라 기존의 만화 창작방식도 웹툰이라는 새로운 형태로 변화되고 있다. 웹툰 작가들은 자신이 창작한 만화를 종이 만화책이 아닌 전자매체를 통해 직접 독자들에게 소개하고, 전자매체가 작가를 홍보하고 전략적으로 사업을 추진하면서 가치사슬에는 큰 변화가 생겼다. 음악도 마찬가지다. 우리가 즐겨 듣는 노래 같은 경우 작사가는 노랫말을 만들고 작곡가는 음률을 만든다. 이렇게 만들어진 노래를 연주자들의 악기 연주와 함께 가수가 부를 때 관객들은 그 노래를 듣게 된다. 이 노래를 듣기 위해 공연장을 찾아와야만 했던 음악애호가는 음반에 저장된 음악을 들을 수 있게 되면서 음악산업의 가치사슬에는 공연장과 음반저장매체사업자라는 유통 및 활용 업체가 중요한 역할을 한다. 이후, 음악 공연을 공중 송신하는 방송사업자의 등장으로 음악산업의 가치사슬은 다시 한번 크게 변화한다.

특히, 누리망과 이동통신이라는 기술의 발전으로 음악뿐만 아니라 여러 분야 문화산업의 유통 및 활용 방식이 바뀌면서, 각 산업의 가치사슬에서 그 존재가치를 인정받지 못한 사업자들은 점점 사라진다. 이와 함께 새로운 방식으로 그 존재가치를 인정받는 다른 사업자들이 계속해서 가치사슬에 등장하면서 문화산업의 가치사슬은 꾸준히 변하고 있고, 앞으로도 바뀔 것이다.

(2) 핵심산업과 연계산업

산업이 발전하려면 핵심산업과 연계산업이 함께 성장하여야 한다. 좋은 나무 의자를 만들기 위해서 나무를 기르고 숲을 가꾸는 과정, 나무 의자를 만드는 과정, 나무 의자를 전시하고 판매하는 과정이 나무 의자를 위한 핵심산업이라면, 나무를 잘 기르고 숲을 잘 가꿀 수 있는 방법을 연구하고 교육하여 관련 인재를 육성하는 연구교육 영역, 나무 의자를 만드는 데 필요한 도구를 개발하여 판매하는 영역 등은 나무 의자를 위한 연계산업이라고 할 수 있다. 음악산업의 발전을 위해서는 음악예술인이 음악을 기획·창작하여 최종적으로 음악애호가가 음악을 향유·체험·소비하는 데 꼭 필요한 과정을 담당하는 핵심산업뿐만 아니라, 음악예술인 및 음악애호가를 양성하는 음악교육업, 좋은 악기를 제공하는 악기제작업, 음악을 실연하고 향유할 수 있는 장소를 제공하는 예술공간사업, 음악 창작 및 향유 기회를 지원하는 정책, 음악을 많은 대중에게 전파하는 방송사업, 음원을 더 매력적으로 향유할 수 있는 기술개발 등 음악산업과 연계된 산업도 발전되어야 한다.

연계산업은 문화산업의 핵심산업에 직접적으로 연계되는 '직접연계산업'뿐만 아니라 간접적으로 연계되는 '간접연계산업'도 있다. 문화산업을 진흥하거나 규제하는 법제도 및 정책영역, 문화산업에 투자하거나 자금을 지원하는 금융재무영역, 문화산업에 대한 조사, 분석, 광고, 홍보 등의 마케팅영역, 문화산업 종사자를 양성하는 교육영역 등은 직접연계산업으로 볼 수 있다. 창작자의 사상과 감정을 표현하는 장치와 장비영역, 문화향품을 전달하는 기술 및 매체영역, 유산·이야기·자연·인물·역사·사건 등의 사회영역 등은 간접연계산업으로 볼 수 있다. 이 간접연계산업은 특정 분야의 산업에만 연계되는 것이 아니다. 예를 들면 아름답고 매력적인 우리말이 다양한 의미를 적절하게 표현할 수 있어야 작사가의 노랫말 창작이 가능해진다. 사회와 제도가 변화하고 새로운 기술이 등장하는데, 이들을 표현할 수 있는 새로운 우리말이 계속 만들어져야 하는 이유는 다양한 사고와 감정을 적절하게 나타내는 우리 낱말이 풍부해야 그 낱말로 이루어진 노랫말도 매력적인 노래로 발전할 수 있기 때문이다. 만약 우리 낱말이 부족하면 어쩔 수 없이 외래어를 빌려다가 써야 하는데, 한번 외래어를 쓰기 시작하면 일상화된 그 외래어의 사용을 중단하는 것은 어렵다. 다만, 우리의 사상과 감정을 우리말로 잘 나타낼 수 있도록 문화산업 종사자와 문화향품 향유자 모두 우리말에 대한 이해를 높이고 활용 능력을 향상시키는 노력도 필요하다.

오늘 산에 심은 묘목을 내일 베어서 나무 의자를 만들 수는 없다. 산에 심은 나무로 나무 의자를 만들려면 오랜 시간에 걸쳐 정성껏 나무를 키워야 한다. 마찬가지로 우리말을 좀 더 능란하고 유려하게 만들어 문화산업에서 사용하려면 나무에 들이는 것보다 더 많은 시간과 정성이 필요하다.

(3) 문화산업의 후광효과(後光效果, Halo Effect)

문화산업은 그 산업 자체도 중요하지만 하나의 문화향품이 다른 영역에 미치는 영향과 그를 통해 추가로 창출되는 가치가 매우 크기 때문에 문화산업의 후광효과는 가치사슬에서 매우 중요하다. 후광효과는 소비자 심리에 영향을 미치는 현상으로, 소비자가 어떤 대상에 대하여 가지고 있는 특정 평가가 그 소비자의 다른 다양한 대상들에 대한 다른 평가에 미치는 영향이다. 이는 곧 소비자가 어떤 연예인을 좋아하면 그 연예인이 광고하는 상품을 좋아하게 되는 현상이다. 만일 그 연예인이 좋지 않은 행동을 하여 소비자들이 그 연예인을 싫어하게 되면 그 연예인이 광고하는 상품도 사지 않게 된다. 즉, 상품의 품질, 기능, 가격 등은 똑같지만 그 상품을 광고하는 연예인이 소비자의 구매심리에 미치는 영향이 긍정적이면 상품 매출은 커지고, 그 영향이 부정적이면 상품 매출은 줄어든다. 이러한 현상을 논리적 오류(logical error)라고 하는 사람들도 있으나, 사람이 어떤 대상을 평가하는 데 있어서 불가피하게 발생하는 현상이며, 이러한 현상을 산업적으로 잘 활용해야 한다.

예를 들어 삼성전자, 현대자동차, 아모레퍼시픽 등은 세계시장을 상대로 전자제품, 자동차, 화장품 등의 사업을 수행하고 있는데, 이러한 기업들의 제품이 우수하면 외국인들이 우리나라 기업의 다른 제품에 대한 인식도 긍정적으로 변화된다. 뛰어난 품질의 제품을 경험한 소비자는 그 제품을 생산한 기업뿐만 아니라 그 기업이 속한 국가에 대해 좋은 감정을 가지게 된다. 일반 소비자인 대중이 갖게 되는 이러한 감정과 인식은 문화산업에서 매우 중요한 의미를 지닌다. 이탈리아 음식은 어느 음식점에서 만들어도 맛이 있을 것 같고 프랑스 옷은 누가 입어도 다 멋있어 보이는 이런 감정적 선호도는 문화적 체험에서 출발한다. 그 문화적 체험은 이탈리아에 가서 직접 음식을 먹어 보는 체험이 아니더라도 영화에서 이탈리아 음식을 먹는 장면을 보는 체험으로 시작될 수 있다. 프랑스 옷을 직접 입어보지 않아도 패션쇼에 등장하는 새로운 옷을 방송이나 잡지를 통해 접하는 체험도 문화적 체험이 될 수 있다. 이처럼 문화적 체험을 시작한 향유자들은 그 문화에 대하여 깊이 있는 이해를 하기 위해서 다양한 노력을 기울인다. 즉, 문화소비자는 하나의 문화향품을 체험하면 그 문화향품과 연관된 또 다른 분야를 체험하려는 노력을 스스로 하는 경향이 있다. 방송드라마 「겨울연가」를 보고 감동받은 시청자는 「겨울연가」에 나오는 촬영지를 찾아서 그 촬영지를 직접 방문하고 등장인물이 사용한 소품을 사기도 한다.

문화산업의 후광효과는 '직접후광효과'와 '간접후광효과'로 나누어 생각해 볼 수 있다. 대중의 사랑을 받은 만화작품이 방송영상물로 제작되어 인기를 얻게 되면 만화작품에 대한 관심은 다시 높아져서 만화책의 판매도 다시 증가한다. 이렇게 만화작품의 후광효과를 얻어서 시청자들의 관심을 끌고, 그 후에는 방송영상물의 후광효과로 만화책의 판매가 증가하는 것을 '직접후광효과'라고 한다. '직접후광효과'는 하나의 문화향품이 특정 대상에게 미치는 영향을 직접적으로 확인할 수 있는 것이다. 만일, 만화작품을 읽고 감명을 받은 해외 독자가 만화작품을 제대로 이해하기 위해 한글을 공부하거나 방송영상물의 촬영지에 관광을 온다면 이는 '간접후광효과'로 볼 수 있다. '간접후광효과'는 하나의 문화향품이 간접적으로 미치는 영향으로 그 효과를 확인하는 것이 쉽지 않지만 파급효과는 훨씬 광범위하다.

따라서 문화산업을 이해하고 사업화하기 위해서는 단순히 해당 문화향품의 매출과 수익만을 염두에 두지 말고, 해당 문화향품의 확산을 통한 파생사업을 고려하여야 한다. 이런 문화산업의 확산전략을 성공적으로 수립하기 위해서 문화산업의 가치사슬과 권리활용에 대한 깊이 있는 분석과 연구가 필요하다.

권리활용(Licensing)은 원천영역의 문화향품 창작자로부터 허가받은 권리를 확보하여 다른 활용영역에 접목함으로써 다른 활용영역의 사업 경쟁력을 끌어올릴 수 있는 좋은 경영전략이다. 많은 독자로부터 인정받은 소설을 영화로 만들 수 있고, 나아가 그 영화를 촬영한 장소를 주제공원(Theme Park)으로 개발할 수 있다. 소설 및 영화에 나오는 캐릭터를 가방에 활용할 수도 있다. 이처럼 권리활용을 통해 원천영역 문화향품의 후광효과를 기대하는 권리활용자(Licensee)의 사업경쟁력이 높아진다. 아울러, 권리활용은 원천영역 문화향품의 확산을 도와준다. 예를 들어 소설가가 이야기하고 싶은 자신의 사상과 감정은 '소설'이라는 문화향품으로 창작되어 '독자'에게 전달된다. 이 '소설'이 권리활용을 통해 '영화'라는 문화향품으로 개발되면 원천영역 소설가의 사상과 감정을 책읽기를 좋아하는 '독자'뿐만 아니라 영상보기를 좋아하는 '관객'에게도 전달할 수 있다. 또한, '영화'를 본 '관객'은 소설가의 사상과 감정을 더 알아보고자 책을 읽는 '독자'가 되는 경향이 있다. 소설의 영화개발로 인하여 원천영역 문화향품인 책에 대한 관심이 늘어나고 책의 판매도 함께 늘어나기에, 권리활용은 원천영역 사업자의 경제적 확대에도 도움이 된다.

(4) 가치사슬 수익공유

가치사슬의 단계별 참여자들 간에 발생하는 권리와 의무 관계는 사업의 수익방식에 큰 영향을 준다. 나무 의자를 만든 가구공장과 그 나무 의자를 판매하는 판매점과의 거래관계를 생각해 보자. 소비자가 나무 의자를 판매점에서 구매할 때 소비자는 판매점에 나무 의자에 대한 구입비용을 지불한다. 만일 그 나무 의자가 팔리지 않으면 어떻게 해야 할까? 팔리지 않은 나무 의자 재고에 대하여 가구공장이 책임져야 할까, 아니면 판매점에서 책임을 져야 할까?

판매되지 않은 재고부담은 가치사슬 단계별 참여자들 간의 권리와 의무를 정하는 데 있어서 매우 중요하다. 가구공장과 판매점 간의 거래조건이 위탁(委託)이라면 재고 상품은 가구공장이 책임을 지며, 사입(仕入)이라면 판매점이 책임을 진다. 위탁은 남에게 맡겨서 일을 처리하는 것이고 사입은 구입자의 책임하에 물건을 사들이는 것이다. 가치사슬에서 수익구조와 수익배분을 분석하기 위해서는 거래조건이 위탁인지 사입인지를 확인하여야 한다.

만일 가구공장이 재고 상품에 대한 책임을 진다면 판매점은 공간이 수용할 수 있을 만큼 다양한 나무 의자를 구비해 놓고 팔려고 할 것이다. 팔리지 않은 가구는 모두 가구공장에 반품하면 되기 때문이다. 하지만, 판매점에서 재고 상품에 대한 책임을 져야 한다면 판매점은 잘 팔리는 나무 의자만 판매점에 가져다 놓고 팔려고 할 것이다. 한편, 가구공장은 가능한 한 많은 나무 의자를 판매점에 공급하려고 할 것이다. 나무 의자가 소비자에게 판매되지 않더라도 판매점은 가구공장에 나무 의자 구매비용을 지불해야 하기 때문이다.

출판분야를 생각해 보자. 소설가가 직접 기획하고 창작한 소설을 책으로 만들어 내는 출판사가 있고 출판된 책을 판매하는 서점에서 책을 구매하는 독자가 있다. 이를 [기획·창작(소설가)→사업(출판사)→유통·활용(서점)→향유·체험·소비(독자)]의 가치사슬로 요약해 볼 수 있다. 그러면 소설가, 출판사, 배본사, 서점, 독자 간의 거래관계는 어떻게 이루어져 있을까?

독자는 서점에서 책을 사는 동시에 책값을 서점에 지불하는 사입거래를 한다. 서점은 판매금액 중에서 판매수수료(책값의 20~40%)를 제외한 나머지 금액(책값의 60~80%)을 출판사(또는 배본사)에 지불하며, 판매되지 않은 책은 출판사에 반품하는 위탁거래를 한다. 출판사가 책을 서점에 직접 공급하는 경우도 있지만, 출판사가 책을 배본사를 통해 서점에 제공하고 있는 경우에는 서점이 배본사에 책을 반품한다. 출판사는 소설가에게 판매금액에 대한 인세(책값의 6~10%)를 지불하는 경우도 있고, 판매금액과 관계없이 소설가에게 일정 금액의 원고료를 지불하는 경우도 있다. 또 출판사는 인쇄업체에 책의 판매 여부와는 관계없이 책의 생산비용을 모두 지불하는 사입거래를 한다. 이러한 거래관계를 살펴보면, 배본사 및 서점이나 인쇄업체는 판매되지 않은 책에 대한 부담이 없지만 출판사는 재고에 대한 모든 책임을 지며, 소설가는 출판사와의 계약 방식에 따라 출판사로부터 받는 금액이 달라진다.

영화산업은 어떨까? 영화시나리오를 가지고 영화사가 영화를 제작하면 영화배급사가 영화관에 배급하고 관객들은 영화관에 입장료를 내고 영화를 본다. 이를 [기획·창작(시나리오작가)→사업(영화제작사)→유통·활용(영화배급사/영화관)→향유·체험·소비(관객)]의 가치사슬로 요약해 볼 수 있다. 그러면 시나리오작가, 영화제작사, 영화배급사 및 영화관, 영화관객 간의 거래관계는 어떻게 이루어질까?

영화관객이 영화관에 가서 내는 입장료는 영화관에 지불하는 영화관람료로 사입거래에 해당된다. 영화관은 관객으로부터 받은 입장료의 40~50%를 영화배급사에 지불한다. 영화배급사는 영화관으로부터 받은 금액에서 영화제작사와 사전에 계약한 배급수수료와 영화홍보마케팅 비용을 제외한 금액을 영화제작사에 지불한다. 영화관객이 원격으로 입장권 예매를 하는 경우에는 입장권 예매 및 결제 대행업체가 중간에 개입하기에 관객이 지불한 입장료 지불 경로와 배분 비율은 달라진다. 전체적으로 영화관객이 지불한 입장료 수입이 많아지면 영화관의 수입도 많아지고 이에 따라 영화관이 영화배급사에 지불하는 금액도 커진다. 여기서 영화배급사의 배급수수료는 입장료 수입과 연동되기도 하지만, 영화홍보마케팅 비용은 입장료 수입과 상관없이 지출된다. 또한 영화제작사가 시나리오작가, 감독, 배우 및 영화에 참여한 사람들에게 지불하는 금액은 입장료 수입과 연동되지 않는 경우가 일반적이지만, 영화가 큰 성공을 거두면 영화제작사는 이들에게 특별성과금을 지불하기도 한다.

영화제작사가 영화시나리오를 소설에 근거하여 개발하는 경우에는 소설가와 출판사 등에도 계약 조건에 따라 비용을 지불해야 한다. 원천소설을 영화화하는 사업권 활용에 대한 비용 지불 방식도 영화의 흥행 여부와 관계없이 일정 금액을 지불하는 사입거래 방식과 영화 입장료 수입의 일정비율을 지불하는 위탁거래 방식이 있으며, 사입과 위탁의 혼합거래 방식도 사용된다.

이들의 거래관계를 정리하면 영화관객과 영화관은 사입거래, 영화관과 영화배급사는 위탁거래, 영화배급사와 영화제작사는 사입과 위탁 혼합거래, 영화제작사와 영화시나리오작가는 사입거래, 영화제작사와 원천이야기 작가는 사입거래를 하고 있다. 영화관은 발생한 입장료 수입을 영화배급사, 영화제작사와 나누어 가지기 때문에 흥행이 좋지 않은 영화에 대한 부담이 적다. 상영 영화에 대한 관객의 반응이 좋지 않으면 영화관은 그 영화의 상영 횟수를 줄이거나 영화 상영을 중단하고 다른 영화를 상영한다. 한편 영화제작사는 영화제작비용과 홍보마케팅 비용 등 모든 비용에 대한 책임을 진다. 이러한 영화제작사의 재정적 부담을 분산하기 위하여 영화제작에는 다양한 투자자들이 참여하고, 투자조건에 따라 영화관으로부터 받은 금액은 영화제작에 참여한 투자자들에게 배분된다. 시나리오작가, 감독, 배우 및 영화제작에 참여한 사람들은 영화제작사로부터 사전에 계약된 금액을 받는다. 영화제작사와 감독 및 일부 배우들이 영화의 흥행에 따른 성과급 지급을 계약서에 명시하는 경우도 있지만, 흥행에 실패했다고 해서 출연료를 영화제작사에 돌려 주는 경우는 없다.

음악연주회, 뮤지컬, 오페라, 연극 등의 공연산업은 공연무대를 제공하는 공연장과 공연사업자와 사입거래 방식으로 진행된다. 공연사업자는 공연장을 일정기간 빌리면서 계약된 금액을 지불하기에 공연사업자는 공연의 흥행 여부와는 관계없이 공연을 계약 기간 동안 할 수 있으며, 입장료 수입을 공연장과 나누지도 않는다.

이처럼 문화산업별로 거래관계는 각각 다르다. 같은 문화산업에서도 참여자들에 따라 다를 수 있고, 사회환경의 변화에 따라 과거에는 일반적이던 거래관계도 계속해서 바뀌고 있다.

방송영상물의 시청률이 높으면 누가 돈을 벌까? 방송영상물의 시청률이 높으면 방송사는 광고료를 많이 받을 수 있고, 그 광고료는 방송사의 수익이다. 그 방송영상물을 기획하고 제작단계에 참여한 사람들에게 직접적인 경제적 혜택은 발생하지 않는다. 그렇다면 많은 관객이 영화를 관람하면 그 영화 제작에 참여한 작가, 감독, 배우, 현장인력들에게 어떤 혜택이 있을까? 사실 영화가 흥행에 성공해도 그 영화 제작에 참여한 사람들은 계약에 따라 사전에 정해진 일정 금액을 받고 수익은 영화 투자자들이 지분에 따라 나누어 가진다. 작가, 감독, 배우 및 일부 현장인력들에게 포상여행 등과 같은 보상이 제공될 수도 있지만, 이런 혜택은 미리 정해져 있는 것이 아니다. 물론 방송영상물이나 영화가 큰 인기를 얻게 되면 그 작품에 참여했던 사람들이 다음 작품에 참여할 때 더 좋은 대우를 받을 수 있다. 이른바 그들의 '몸값'이 높아진다. 하지만, 정작 자신이 참여한 작품의 성공에 대한 이들의 노력은 제대로 인정받지 못한다.

본디 사람은 자신이 노력한 것에 대한 보상이 적절하게 주어지는 것을 바란다. '수익공유'는 이런 사람의 기본적인 본성을 고려한 방식이다.

예를 들어 웹툰을 연재하는 누리망 전자매체(인터넷 사이트)는 해당 웹툰 작가의 작품에 대한 독자들의 반응을 종합 분석하여 웹툰 작가에게 원고료를 지불하는 방식을 사용하고 있다. 웹툰 작가는 구독자가 지불하는 금액뿐만 아니라 광고 수익도 배분받을 수 있다.

체계적인 수익공유방식이 가치사슬 내에서 이루어질 때 그 문화산업의 생태계가 정상적으로 작동되고 그 문화산업은 더 발전한다.

2) 문화향품(文化享品) 기획단계

새로운 것을 기획하는 것은 어려운 일이다. 기획을 시작하여 완성된 문화향품이 향유소비자에게 전달될 때까지는 많은 시간이 필요하다. 영화를 기획하고 시나리오를 완성해서 투자를 받기까지는 몇 년씩 걸린다. 그다음에 영화를 찍고 편집해서 개봉하는 데도 또 그만큼의 시간이 필요하다. 기획하는 시점에서는 대중들에게 매력적이던 소재, 배우, 첨단 촬영기술이 정작 영화를 개봉하는 시점에서는 그렇지 않을 수 있다. 이런 일은 문화산업뿐만 아니라 모든 산업에서 발생하는 문제다. 결과물이 완성되어 최종 소비자에게 전달될 때까지 소요되는 시간이 길수록 기획의 어려움은 더 커진다. 따라서 특정 시기에 유행하는 소재만을 가지고 기획하는 것보다는 인간 본연의 본능 및 감각 능력, 가치관 및 감정표현 방식 등을 고려하여야 한다.

기획개발자가 직접 자신이 기획안을 작성하여 독자적으로 문화향품을 만드는 것을 '창작기획개발'이라고 한다면, 다른 사람(또는 업체)의 요청과 주문에 의해 기획안을 작성하여 문화향품을 만드는 것을 '하청 기획개발'이라고 한다. 게임이나 방송영상물과 같은 분야에서는 유통 배급사나 방송사의 요청에 의해 게임이나 방송드라마를 기획·개발하는 경우가 많다. 드라마제작사가 먼저 기획안을 구상하더라도 방송사의 편성 및 제작방침에 따라 일부 내용이 변경되기도 하고 방송사로부터 제작 예산을 지원받게 되면서 그 드라마에 대한 저작권이 방송사에 귀속되기도 한다.

(1) 창의적 소재 선정과 창의적 생각(Creativity: 이야기, 사건, 배경, 인물)

문화산업의 성공 여부는 창의성에 달려 있다. 따라서 새로운 발상을 할 수 있는 창의적 인재 양성이 중요하다. 문화산업에서는 왜 창의적 생각이 중요할까? 창의적 인재를 기르기 위하여 노력하는 이유는 무엇일까?

1차 산업인 농경산업이나 2차 산업인 제조업에서는 적은 자원을 투입하여 많은 양의 결과물을 생산하는 것을 경쟁력을 높이는 중요한 척도로 생각한다. 기술개발과 공정 혁신 등의 새로운 생산방식을 연구하여 다른 경쟁자의 결과물과 동일한 결과물이 나오더라도 투입량(자본, 인력, 시간, 원료 등)이 적으면 경쟁에서 이길 수 있었다. 하지만, 문화산업에서는 누군가 경쟁자와 동일하거나 기존의 것과 같은 것을 만드는 행위는 높게 평가받지 못한다. 어떤 화가가 3년 걸려 그린 그림을 다른 사람이 3일 만에 똑같이 그렸다고 생각해 보자. 3년 동안 그린 그림은 그 화가의 사상과 감정이 녹아 있는 창의적인 문화예술작품으로 대접

받지만, 다른 사람이 그 그림을 보고 그린 그림은 설령 똑같아 보이더라도 화가의 작품을 베낀 표절에 불과하다.

이미 성공한 사례를 따라서 하는 사업전략을 '2등 전략(Me Too Strategy)'이라고 한다. 먼저 검증된 성공사례와 같은 방식으로 결과물을 만드는 것은 그 최종결과에 대한 두려움이 없는 상태에서 작업을 하게 된다. 물론 이미 누군가에 의해서 닦인 길을 따라 산을 오르고 내려오는 것도 즐거운 일이며 때로는 힘든 과정이다. 하지만, 아무도 가보지 않은 산을 처음 등산하는 사람은 한 걸음 한 걸음을 내딛는 매 순간이 미지의 세계에 대한 두려움을 경험하는 시간이다. 남들이 가지 않은 길을 가는 사람은 더 많은 도전을 마주할 각오를 해야 하고 이를 이겨내야 한다. 이들은 자신이 걷고 있는 길이 산꼭대기까지 갈 수 있는 길인지 모르는 상태에서 자신과의 싸움을 하며 두렵지만 새로운 길을 찾아 나가야 한다. 자신과 일행의 미래에 대한 불확실성을 감수하고 그 두려움도 극복해야 하며, 중간에 만나게 되는 장애물을 창의적인 사고로 해결해야 한다. 하지만, 그 두려움을 이겨내고 새로운 등산로를 개척하여 정상에 올랐을 때 느끼는 감동과 성취는 매우 크다.

문화산업에서는 기존에 존재하지 않았던 새로운 것을 만들어 내는 도전을 해야 한다. 마치 전인미답(前人未踏)의 처녀지(處女地)를 개발하거나 기존의 것을 이용하더라도 획기적인 사고방식을 더하는 것처럼 말이다. 농경시대에는 매년 같은 일을 반복하는 과정에서 습득한 경험이 중요하였기에 경험이 많은 사람이 주도적으로 의사결정을 하는 것이 당연시되었다. 제조업 중심의 사회에서는 분석력을 가지고 체계적이고 합리적인 관리를 통해 효율적인 생산을 가능케 하는 능력이 중요하였다. 하지만, 급격한 변화 속에 미래를 예측하기 어려운 시대의 문화산업에서 가장 중요하게 생각되는 것은 창의력이 있는 사람이다. 창의력은 단순히 문화향품을 창작하는 데만 필요한 것이 아니라, 앞으로 닥쳐올 여러 형태의 경험해 보지 못한 상황을 슬기롭게 헤쳐나가는 데 꼭 필요한 능력이다. 문화산업에 종사하는 사람들이 앞으로 사회의 각 분야에서 더 중요한 역할을 할 것으로 기대되는 이유는 이들이 가지고 있는 창의력이 사회 각 분야에서 발생하는 새로운 도전을 해결하는 중요한 원동력이 될 것이기 때문이다.

지역의 문화자원을 활용한 문화향품 기획도 의미가 있다. 다른 지역에서 볼 수 없고 체험할 수 없는 차별성을 지닌 국립공원, 도립공원 등의 자연환경도 좋은 문화자원이다. 과거의 역사도 기록 및 보관에 그치지 않고, 현재의 삶과 접목되어 활용되는 기획을 할 수 있다. 유적지, 인물, 음식, 특산물, 자연환경 등을 가지고 다양한 문화향품을 기획하여 사업화를 추진할 수 있다. 지역의 여러 자원을 수집하고 분석하여 그 지역과 연결된 이야기를 만들고, 그러면서 사람들이 지역문화에 쉽게 접근하여 체험할 수 있도록 해야 한다. 지역의 다양한 매력을 통해 그 지역에 대한 평판이 좋아지고 다양한 후광효과가 나타날 수 있다.

(2) 사람의 삶과 생각, 그리고 감정(인본주의, Humanity: 인간에 대한 이해)

사람들이 노래, 춤, 그림과 같은 예술활동을 즐긴 지는 오래되었다.

자연 변화의 경이로움과 생존의 간절함이 주술 및 민간신앙 행위 등을 통해 표출되기도 하였다. 사회의 변화와 기술의 발전 등에 따라 사람들의 삶의 방식이 바뀌면서 문화예술 활동의 방식도 바뀌게 되었다. 사람의 생각과 감정을 표현한 문화향품을 이해하고 즐기는 주체도 역시 사람이다. 따라서 문화향품을 기획할 때는 사람에 대한 이해가 중요하다. 그래서 문학, 역사학, 철학 등의 인문학은 문화향품의 창작과 소비에서 매우 중요한 뿌리가 된다. 사람이 언제 기뻐하고, 슬퍼하고, 화를 내고, 고통스러운지를 잘 이해해야 한다. 남자와 여자, 부모와 자녀, 스승과 제자 등 사람과 사람 사이에서 어떠한 관계성이 있으며 어떠한 갈등이 일어날 수 있고 그 갈등의 해결 방식은 어떻게 진행되는지를 생각해 보아야 한다.

사람의 삶의 방식은 시대의 흐름에 따라 바뀔 수도 있고, 지역에 따라 다를 수도 있으며, 개인별로 차이가 있을 수도 있다. 하지만 그 차이에 너무 민감하게 의존하는 것은 바람직하지 않다. 사람의 본성을 일깨우는 문화향품에 시대, 지역 또는 개인별 차이를 적절하게 접목시키는 기획이 바람직하다.

(3) 다양한 예술 분야 이해(Arts)

사람의 생각과 감정을 표현하는 기본적인 방법은 말, 그림, 소리, 그리고 몸짓이다. 사람의 말이 소리로 전달되거나 약속된 기호인 글자로 기록되면 시와 소설과 같은 문학작품이 된다. 사람의 생각과 감정을 모양과 색깔로 표현하는 그림은 새로운 기술을 접목시키면서 그 내용이 움

직이는 것처럼 보이는 애니메이션(Animation)으로 새롭게 탄생하였다. 사람의 몸을 통해 나오는 목소리뿐만 아니라 다양한 악기들을 통해 표현되는 여러 가지 소리가 어우러져서 소리작품이 창작된다. 사람의 몸을 움직여서 생각과 감정을 표현하는 몸짓작품도 있다.

이처럼 문화향품의 창작에는 말, 그림, 소리, 그리고 몸짓이 개별적으로 사용되기도 하지만 함께 사용되기도 한다. 따라서, 문화향품을 기획하기 위해서는 말, 그림, 소리, 몸짓 등에 대한 이해와 관심이 필요하다. 예를 들어 글을 쓰는 사람이 그림을 이해해야 우수한 만화, 애니메이션 등의 문화향품 기획이 가능해진다. 연기자의 몸짓과 소리 표현방식에 대하여 이해도가 높고 음악과 이야기를 조화롭게 접목하여야 뮤지컬 기획이 가능하다. 영화를 기획하기 위해서는 시나리오뿐만 아니라 촬영, 음악, 배경 및 소품을 포함한 미술, 연기 등 다양한 예술분야를 잘 알고 있는 것이 좋다. 기본적인 예술표현 방식뿐만 아니라 기술의 발달로 만들어진 새로운 표현방식도 이해하고 있어야 한다. 요즈음처럼 융합적인 문화향품이 요구되는 시대에는 더욱 그렇다.

3) 문화향품(文化享品) 개발단계

(1) 재활용 창조(Re-Created)

문화향품 사업은 기존의 것에 새로운 요소를 더하는 방식이 성공할 가능성이 높다. 상업적인 성공을 위해서는 기존의 것 80% 정도에 새로운 것은 20% 이내로 가미하는 것이 적절해 보인다. 소설을 읽거나 영화를 볼 때 독자나 관객은 자신이 생각하는 방식으로 이야기가 전개되어야 그 소설 또는 영화를 편하게 읽고 관람할 수 있다. 남자와 여자가 껴안을 것 같은 상황이 충분히 무르익었을 때 그들이 서로를 껴안으면 이를 보는 독자와 관객들은 안심하고 다음 장면을 기대한다. 이렇게 특정 상황 다음에는 어떤 상황이 전개되는지를 독자와 관객들은 상상하고 그 상상이 실현될 때 만족한다. 이러한 '전형적 상황 전개'를 '클리셰(Cliche)'라고 한다. 프랑스어로 인쇄할 때 쓰는 '연판(鉛版)'을 뜻하는 이 낱말은 반복하여 찍어내는 행위로 틀에 박힌 진부한 이야기를 뜻하기도 한다. 이 전형적 상황 전개는 특정 인물의 정체성을 독자와 관객에게 인식시키기 위한 방법으로 사용되기도 한다.

「뽀빠이(Popeye the Sailor)」의 이야기를 살펴보자. 힘센 블루토(Bluto)에게 괴롭힘을 당하는 올리브(Olive)를 도와주려고 등장하는 뽀빠이는 항상 위기에 처하지만 시금치를 먹고 나면 갑자기 힘이 나서 블루토를 물리치고 올리브를 구한다. 항상 똑같은 방식으로 이야기는 전개되지만 사람들은 그러한 뻔한 '전형적 상황 전개'를 알기에 편안하게 그 이야기를 즐긴다. 하지만, 모든 내용이 독자 또는 관객이 예상할 수 있는 너무 뻔한 이야기가 되어서는 곤란하다. 기존 이야기에는 없었던 20%의 새로움과 놀라움으로 이야기의 반전을 제공해야 사람들은 그 반전을 기대하며 설레는 마음으로 문화향품을 즐기게 된다. 즉, 문화향품 개발자가 너무 독창적인 작품을 창작하면 일반 대중은 그 작품을 이해하지 못하고 어렵게 생각하며, 너무 진부하면 설렘이 없는 지루한 작품이 되어버린다.

이처럼 사람들에게 익숙한 기존의 80%에 개발자의 참신한 20%를 추가하는 재활용 창조 전략이 중요하다. 많은 사람이 알고 있는 역사적 소재를 가지고 소설이나 영화를 만드는 것도 이러한 재활용 창조 전략의 하나로 볼 수 있다. 일반 대중이 좋아하는 소설이나 만화를 원작으로 영화를 개발하는 것도 바람직하다. 잘 알고 있는 역사 인물이나 소설 및 만화 주인공 이야기가 다른 방식의 문화향품으로 다시 창작되어 성공하는 권리활용(Licensing) 사례를 보면 재활용 창조의 힘을 확인할 수 있다.

(2) 사람 손길이 닿은 표현방식(Artificial Expression)

사람은 시냇물 흐르는 소리를 들으면서 명상에 잠길 수도 있고, 저녁노을을 바라보면서 감정을 다스릴 수도 있다. 그러나 이런 시냇물 흐르는 소리와 저녁노을을 문화향품이라고 하지는 않는다. 하지만 사람이 녹음기를 이용하여 시냇물이 흐르는 소리를 녹음하거나 사진기로 저녁노을을 찍어서 얻은 결과물은 문화향품이라고 한다. 즉, 사람의 손길이 닿고 그 손길을 통한 가공을 거쳐서 표현되어야 문화향품이라고 한다. 시냇물이 흐르는 소리를 어느 위치에서 어떤 녹음기의 어떤 기능을 사용하여 어떻게 녹음하는지에 따라 그 시냇물 흐르는 소리는 다를 수 있다. 저녁노을 사진도 찍는 사람의 방식에 따라 다른 결과물이 된다.

문화향품을 개발하기 위해서는 다양한 표현기법을 이해하고 잘 다룰 수 있어야 한다. 생각과 감정을 표현하는 말하기, 글쓰기, 그림 그리기, 노래 부르기, 춤 추기, 연기동작뿐만 아니라 악기 연주법, 사진기와 녹음기 등의 기기 사용법, 컴퓨터에서 작동되는 디자인 프로그램과 영상물 제작 및 프로그램 편집 방법 등도 이해할 필요가 있다. 최근에는 표현기법이 다양하게 개발되어 전문가가 아니더라도 쉽게 배우고 다룰 수 있다. 특히, 휴대 전화는 휴대 및 이동이 편리하면서도 그 성능이 전문적 기기에 버금가기에 더 많은 일반 대중이 직접 문화향품을 개발하고 유통하고 향유할 수 있는 시대가 되었다.

(3) 경제적 가치를 지닌 문화향품(Contents for Economic Value)

다른 직업을 가지고 경제활동을 하면서 여가시간에 자신의 생각과 감정을 표현하기 위하여 취미활동으로 개발한 문화향품도 그 경제적 가치를 간과하면 안 된다. 문화향품 진흥법률인 「콘텐츠산업 진흥법」에서는 콘텐츠산업을 "경제적 부가가치를 창출하는 콘텐츠 또는 이를 제공하는 서비스의 제작·유통·이용 등과 관련한 산업"으로 정의하고 있다.[3] 세계지식재산기구(WIPO: World Intellectual Property Organization)는 '지식재산(知識財産, IP: Intellectual Property)'을 "생각의 창작물로 상업적으로 사용되는 발명, 문학 및 예술작품, 상징, 이름과 이미지"라고 정의하고 있다.[4]

---

3 콘텐츠산업 진흥법 제2조 제2호(국가법령정보센터, https://www.law.go.kr, 2021. 3. 5 검색).

4 세계지식재산기구(https://www.wipo.int/edocs/pubdocs/en/intproperty/450/wipo_pub_450.pdf, 2018. 10. 9 검색).
원문은 다음과 같다.

4) 문화향품 사업화 단계

문화향품을 가지고 수익을 창출하는 효율적 방안을 논의하는 단계를 사업화 단계라고 한다. 문화향품 사업화 검토는 문화향품의 기획·개발단계보다 먼저 할 수도 있다. 옛날에는 문화향품의 기획·개발단계가 진행된 다음에 문화향품 사업화를 논의했지만, 이제는 어떤 사업을 어떻게 할지를 먼저 논의하고 그 사업에 적합한 문화향품을 기획·개발하는 방식이 더 많아졌다.

이러한 단계의 순서 변화는 일반 사업에서도 많이 나타난다. 옛날에는 좋은 기능을 가진 자동차를 빨리 만들어서 싸게 공급하면 성공할 수 있었기에 기술의 향상, 생산공정의 효율화, 우수하면서 저렴한 노동력, 저렴한 원재료 확보 등이 사업의 중요한 부분들이었다. 이렇게 만들어진 자동차를 누구에게, 어디에서, 얼마에, 어떤 방식으로 판매할 것인지는 그다음에 논의하는 생산업체의 공급자 중심 접근방식으로 사업이 진행되었다. 그러나 요즈음의 생산방식은 소비자의 욕구를 먼저 확인하고 그 욕구를 충족시켜주는 자동차를 기획·개발하여 생산하는 수요자 중심 접근방식으로 바뀌었다.

다만 소비향유자들의 욕구를 확인하여 그 욕구를 충족시켜 주는 문화향품을 기획하고 창작하는 방식을 부정적으로 보는 문화예술인들

Intellectual property refers to creations of the mind: inventions; literary and artistic works; and symbols, names and images used in commerce.

이 있을 수 있다. 왜냐하면 소비향유자들을 고려하고 경제적 가치에 따라 의사결정을 하는 사업화 과정은 문화예술인의 자유로운 창작활동을 제한할 수 있기 때문이다. 따라서 문화예술의 사업화가 성공하려면, 창작의 주체인 문화예술인과 사업자 및 소비향유자들이 상호 간에 소통하여 모두 공감할 수 있는 방식을 찾아내야 한다. 창작활동을 하는 문화예술인과 그 창작활동을 사업화하려는 사업자 사이에는 문화향품의 사업화에 대한 접근 방식에 차이가 있을 수도 있다. 문화예술인은 자신의 사상과 감정을 제대로 표현하기 위한 노력을 중요하게 생각하지만, 사업자는 문화향품의 소비자인 대중의 향유·체험·소비에 더 큰 관심을 가지고 접근하기 때문이다.

미국 영화산업의 발전만 보아도 영화인들의 노력뿐만 아니라 회계와 경영을 자문하는 전문가들과 관객도 중요한 역할을 했다. 이처럼 문화예술 부분의 사업화가 제대로 되기 위해서는 문화예술인과 전문경영인의 소통과 협력이 꼭 필요하다. 또한 문화예술인 출신의 사업가가 운영하는 회사가 문화예술 분야에서 중요한 역할을 하는 사례가 늘어나고 있다. 문화예술과 경영을 함께 이해하는 전문인력이 많아지면 문화산업은 더욱 성장할 것이다.

(1) 향유대상(Target)

문화예술 창작을 업으로 하는 사람들은 자신의 생각과 감정을 표현하는 데 집중하면서 문화예술 활동을 한다. 자신의 작품을 누가 좋아해 줄 것인지에는 큰 비중을 두지 않는다. 그러나 문화예술 활동이 사업이 되려면 문화향품을 향유·체험·소비할 대상을 먼저 설정하는 과정이 필요하다. 향유대상을 설정하기 위해서는 STPP(시장 나누기, 목표시장 결정, 비교위상 설정, 협력체계 구축)전략을 사용하는 것이 좋다.

STPP전략에 대하여는 이 책 제4장 「사업 분석과 전략 수립」에서 자세하게 다루고 있기에 여기서는 간략하게 소개한다.

사업에 필요한 자금, 인력, 기술, 시간 등은 항상 부족하다. 필요한 자금보다 확보할 수 있는 돈은 적고, 필요한 인력보다 적은 인원의 사람이 투입되며, 기술의 수준은 낮고, 시간은 부족하다. 따라서 제한된 자금, 인력, 기술, 시간을 효율적으로 배분하고 운영하여 성과를 이루는 방안이 필요하다.

한 사업을 전 세계 모든 이들을 대상으로 그들의 소비를 끌어내려면 매우 많은 자금과 인력이 오랜 시간 동안 투입되어야 한다. 전 세계 모든 이들의 관심과 사랑을 받을 수 있으면 좋겠지만, 그 사업의 목표시장을 정확하게 정하고 그 목표시장에 적합한 전략을 수립해야 한다. 이때 '버리는' 전략이 중요하다. 목표시장 이외의 다른 시장은 일단 버리고 목표시장 중심으로 사업계획을 수립하는 것이 바람직하다.

목표시장을 설정하고 그 목표시장에 적합한 전략을 수립하는 방법으로 STPP전략이 있다. 경영학 서적에 있는 STP전략에 협력전략(Partnership)을 추가한 STPP전략이다. STPP전략은 시장 나누기(Segmentation, 세분화), 목표시장 결정(Targeting), 비교위상 설정(Positioning), 그리고 협력체계 구축(Partnership)의 네 단계를 거쳐 수립할 수 있다.

(2) 향유·체험·소비자에게 제공할 감동(Entertainment)

앞에서 이야기한 바와 같이 사람의 삶과 생각, 그리고 감정을 제대로 표현한 문화향품을 기획·개발해야 한다. 그 표현물을 이해하고 즐기는 주체도 역시 사람이기 때문이다. 문화향품이 향유·체험·소비자에게 제공하는 감동은 즐거움만이 아니다. 사람은 문화향품을 향유·체험·소비하면서 기쁨, 분노, 사랑, 즐거움, 놀람, 슬픔, 공포, 괴로움 등 다양한 감정적 변화를 느낄 수 있다. 사람이 공포소설을 읽거나 재난영화를 보면서는 공포심과 위기감을 느끼고, 사랑하는 사람과 이별하는 노래를 듣는다면 슬픔과 외로움을 느껴야 한다.

이렇게 기획·개발된 문화향품을 통해 창작자가 전달하고자 의도했던 그 감동을 향유·체험·소비하는 사람이 잘 받아들이고 느낄 수 있도록 하려면 적합한 사업전략이 필요하다. 기쁨을 전달하는 방식과 공포를 전달하는 방식은 다르며, 그 기쁨과 공포를 제대로 느낄 수 있도록 사전단계, 향유단계, 사후단계를 나누어 향유자에게 제공해야 감동의 깊이가 더 깊어지고 그 크기도 커질 수 있다.

(3) 감동에 대한 기억의 지속적 유지(Remember)

문화향품을 통해서 확보된 소비자의 감동은 오랜 기간 지속되어야 한다. 독자가 밤새워 소설을 읽으면서 펑펑 울었는데 아침에 일어나 보니 그 감동이 흔적도 없이 사라져 버렸다면 곤란하다. 독자가 소설을 읽으면서 느낀 감동을 잘 기억하고 주변 사람과 이야기를 계속 나누면서 그 감동을 다시 느낄 수 있어야 한다. 좋아하는 가수의 공연장에 가서 가수의 노래를 들으면서 신나게 춤을 춘 관객이 공연이 끝난 다음에도 오랫동안 그 노래를 흥얼거리고 어깨를 들썩일 수 있어야 한다. 관람자가 미술관에 가서 명화를 보면서 느낀 벅차오르는 감동을 오랫동안 되새김질할 수 있는 장치가 마련되어야 한다. 하지만 아무리 관람자가 미술관에 전시된 작품을 보고 감동하더라도 오로지 그 감동을 유지하기 위해 작품을 구입하기는 어렵다. 그런데 만일 미술관이 그 작품이 인쇄된 가방이나 찻잔을 만들어서 팔면 관람자는 그 가방이나 찻잔이 다른 일반 가방이나 찻잔보다 가격이 조금 비싸더라도 선뜻 손이 나간다. 왜냐하면 관람자는 그 그림이 그려진 가방이나 찻잔을 사용할 때마다 미술관에서 그 작품을 보면서 느꼈던 감동의 일부를 다시 되새김질할 수 있으니, 그 그림이 접목된 가방과 찻잔의 가치는 일반 가방이나 찻잔의 가치를 뛰어넘기 때문이다. 이처럼 관람자의 뇌에 작은 자극을 주면 문화향품 전체의 기억이 떠오른다. 관객이 보았던 영화의 배경음악을 들으면 그 영화 장면과 그 영화를 보았던 공간 및 동반자와의 추억을 되살릴 수 있다. 사랑하는 사람과 함께 불렀던 노래가 어디선가 흘러나오면 그 사람과의 추억이 다시 떠오르는 것처럼 말이다.

소비자의 향유·체험·소비의 감동을 지속적으로 확보할 수 있어야 장수하는 문화향품이 된다. 고전(Classic)이라고 불리는 소설이나 음악처럼 오랜 시간이 지나도 계속해서 그 가치를 인정받는 문화향품들이 있다. 전략적으로 소비자의 뇌를 자극하여 그 감동의 기억을 지속하게 해야 한다. 아니면 『해리 포터』와 같이 시리즈물로 책을 내서 독자들이 그 기억을 이어나가게 하는 방법도 있다. 그리고 소설책을 출판한 다음에 영화로 만들거나 파생 상품(派生商品, Derivatives)을 통해 독자들이 그 기억을 유지하도록 하기도 한다. 사람들의 기억이 아직 사라지지 않은 상태에서 다음 이야기가 제공되면 독자들의 뇌는 전편에서 다루었던 이야기에 이어서 다음 작품을 쉽게 이해하고 더 몰입하여 즐길 수 있다.

5) 문화향품 유통 및 권리활용단계

소설가가 창작한 글을 출판사가 책으로 출판하면 서점이 그 책을 판매한다. 서점은 그 책을 출판사로부터 위탁받아서 구매자인 독자가 쉽게 접근하여 구매할 수 있도록 공간을 제공한다. 영화관도 영화사가 제작한 영화를 관객이 쉽고 편하게 즐길 수 있는 공간을 제공한다. 서점이나 영화관이 제공하는 가치사슬의 단계를 유통단계라고 하는데, 일반적으로 '유통'은 상품의 본질이 변하지 않은 상태에서 거래되는 것을 의미한다. 이는 곧 출판사가 공급한 책의 내용을 서점이 바꿀 수 없고, 영화사가 제작한 영화 내용도 영화관에서 바꿀 수 없다는 뜻이다.

'활용'은 '유통'과 다르다. 일반적으로 '유통'은 해당 사업의 가치사슬 내에서 이루어지는 거래형태라면, '활용'은 다른 분야 사업의 가치사슬에서 이루어지는 거래형태이다. 예를 들어 보자. 소설가의 글을 가지고 출판한 소설책의 내용을 활용하여 영화를 제작한다면 출판사업 영역을 벗어나 영화사업으로 활용된 것이다. 작곡가, 작사가, 가수, 연주자, 음반 제작자들이 모여서 만든 노래를 활용하여 휴대 전화의 알림음원을 만든다면, 음악사업의 영역을 벗어나 통신사업에 활용된 것이다. 애니메이션에 나오는 등장인물과 이야기를 활용하여 주제공원을 조성할 수도 있다. 이렇게 문화향품 활용은 출판산업에서 영화산업으로, 음악산업에서 통신산업으로, 애니메이션산업에서 문화공간산업으로 그 사업 영역을 확장시켜 새로운 사업의 가치사슬을 만들어낸다.

(1) 법적 제도에 의한 권리 관리(Legal Management)

문화향품에 대한 법적 권리를 인정받고 보호받아야 적극적인 사업이 가능해진다. 육체노동으로 발생한 유형의 결과물에 대한 재산권은 오래전부터 보호되었다. 현재 정신노동에 의해 발생하는 무형의 결과물인 문화향품에 대한 권리도 지식재산권을 통해 사회가 인정하고 보호하고 있다. 지식재산권은 저작권, 상표권, 특허권, 실용신안권, 디자인권, 인격표지영리권(퍼블리시티권) 등이 있는데, 문화향품의 권리에 가장 큰 영향을 미치는 것은 저작권이며, 사업에 영향을 주는 상표권, 인격표지영리권과 디자인권에 대한 분석도 필요하다. 자신의 권리에 대한 인정을 요구하고 법적 보호를 받는 것도 중요하지만, 다른 사람의 권리를 침해하지 않으면서 사업을 해야 한다는 점에서 관련 법 제도를 잘 이해하고 있어야 사업을 제대로 추진할 수 있다.

창작자가 직접 주도적으로 사상과 감정을 표현한 저작물을 구체적으로 완성하면 창작자의 저작권은 인정되고 보호되지만, 상표권 등의 산업재산권은 출원, 심사, 등록의 과정을 거쳐서 그 권리가 인정되고 보호된다.

공표권, 성명표시권, 동일성유지권 등의 저작인격권은 양도 및 상속이 불가능하지만, 복제권, 공연권, 공중송신권, 전시권, 배포권, 대여권, 2차적 저작물 작성권 등의 저작재산권은 다른 사람에게 양도 또는 이용 허락을 하거나 상속이 가능하다. 저작재산권과 산업재산권의 소유자는 권리활용을 통해서 새로운 가치가 창출될 때 추가적인 경제적 수익도 거둘 수 있다.

(2) 시장의 세계화(International Market)

모든 문화향품은 세계인이 향유하고 체험하고 소비한다. 우리 동네에서 진행되는 축제이니 마을 사람들끼리 모여서 즐기는 것쯤으로만 생각하면 곤란하다. 다른 지역의 사람들이 직접 우리 동네 축제 현장을 찾아올 수도 있고, 원격매체를 통해서 간접적으로 그 축제를 즐길 수도 있다. 축제에 온 참가자가 직접 영상물을 촬영하고 편집하여 공유할 수도 있어서 축제 현장에서 일어나는 모든 것을 실시간으로 전 세계 사람들이 볼 수 있다.

전 세계 곳곳의 문화향품이 다양한 매체를 통해 향유되고 있는 지금 우리나라의 캐릭터, 음악, 방송영상물, 영화, 게임, 소설, 웹툰, 애니메이션, 미술작품 등 다양한 문화향품도 국제무대에서 인정받고 있으며, 산업적으로도 좋은 성과를 거두고 있다.

(3) 협력체계 구축(Network)

문화산업에서 성공하려면 다양한 분야의 사람들이 모여야 한다. 한 명의 창작자가 자기 생각과 감정을 표현하기 위해서 글쓰기, 그림 그리기, 노래 부르기, 춤 추기, 몸짓 연기 등 모든 분야를 다 잘하기는 쉽지 않다. 영화, 뮤지컬, 게임, 애니메이션, 연극, 축제 등을 제대로 진행하려면 다양한 분야를 이해하고 각각의 분야 전문가들과 협력할 수 있는 이해력과 소통 능력을 갖추고 있는 종사자들이 있어야 한다. 특히, 한 분야의 문화향품을 다른 분야로 확산하기 위한 권리활용사업을 전개하려면 다른 분야의 전문가들과의 협력체계가 사전에 구축되어 있어야 유리하다.

(4) 권리활용사업으로 확장(Expand to Licensing Business)

투자된 비용과 회수된 수입이 교차하는 지점을 손익분기점(損益分岐點, BEP: Break Even Point)이라고 한다. 문화산업에서 손익분기점을 넘어서 수익이 남는 사업은 많지 않다. 영화를 제작하여 영화관에서 상영하거나, 책을 출판하여 서점에서 판매하거나, 음반을 기획하여 발매하거나, 애니메이션을 제작하여 방송국에서 방영하여 투자한 비용을 회수하기 쉽지 않다. 따라서 해당 분야의 일반적인 수익방식만으로는 손익분기점을 넘기가 어렵지만, 다른 분야로 확장하는 권리활용사업이 가능하다면 추가적인 수익을 기대할 수 있어서 손익분기점을 넘기는 사업계획을 구상할 수 있다. 그만큼 문화향품 제작에 투자를 받아야 한다면 권리활용사업의 가능성이 중요해진다. 만일 손실이 발생하더라도 그 손실액을 줄일 수 있는 다른 사업방안이 있어야 투자자를 설득할 수 있다.

따라서, 창작된 문화향품의 지식재산권을 활용하여 다른 영역의 사업으로 확장할 수 있는 또 다른 사업기획을 해야 한다. 소설을 쓰면 책으로 출판하는 것뿐만 아니라 그 내용을 활용한 영화나 방송영상물 등으로 확장하는 기획을 하는 것이 바람직하다. 애니메이션을 제작하여 영화관에서 상영하는 것뿐만 아니라 애니메이션에 등장하는 인물을 활용한 캐릭터 권리활용사업을 구상하여야 한다. 다만 애니메이션 제작을 마친 후에 권리활용사업을 구상하면 곤란하다. 애니메이션 기획 단계부터 캐릭터 권리활용사업을 염두에 두고 등장인물을 기획·개발하여야 권리활용사업을 성공적으로 진행할 수 있다. 만화작가가 그린 만화작품이 큰 인기를 얻어도 등장인물의 모습이 캐릭터 상품사업을 하기에 적합하지 못하면 권리활용사업을 추진할 수 없다. 다른 사업으로의 확장을 사전에 고려하여 등장인물의 모습도 그 사업에 적합하도록 개발하여야 한다.

6) 문화향품 향유·체험·소비단계

(1) 사업자와 향유자 모두의 설렘(Exciting)

문화사업을 하는 과정과 기획·개발·배급·유통·향유·체험·소비하는 과정이 사업자와 향유자 모두 즐겁고 설레야 한다. 관객이 영화를 보기 위해 영화관에 갔는데 화장실이 더럽고 비위생적이거나 의자가 불편하면 영화를 보러 영화관을 방문하는 소비자는 줄어든다. 축제공연장에서 방문객이 오랫동안 서서 기다려야 한다면 그 기다리는 시간마

저도 즐거움과 설렘의 시간이 될 수 있도록 해야 한다.

(2) 개발과정 참여와 향유체험의 즐거움(Enjoying Experience)

다른 사람이 이미 개발해 놓은 문화향품을 수동적으로 향유하는 체험보다 소비자가 직접 그 문화향품의 개발과정에 참여할 수 있는 향유체험을 할 때 만족도는 커진다. 예를 들어 정해진 순서에 따라 출연한 가수들의 노래를 듣는 것만으로도 문화향품을 즐긴다고 할 수 있지만, 관객(또는 시청자)의 평가에 따라 가수의 다음 출연 여부가 정해지는 방식처럼 관객들의 주도적 참여가 동반될 때 문화향품 향유체험 정도는 더 깊어진다. 음식으로 유명한 관광지에 가서 맛있는 음식을 먹는 것도 좋은 경험이 될 수 있지만, 관광객이 직접 그 음식을 만들어 볼 수 있게 하면 그 만족도는 더 커질 것이다. 그리고 음식재료를 정량화하여 하나의 상품으로 만들어서 기념품처럼 판매하면, 관광객이 집에 가서 주변 사람들과 다시 경험할 수 있게 된다. 이렇게 사람들이 즐길 수 있는 참여 경험 기회를 확대하는 방안이 필요하다.

4

사업 분석과 전략 수립

문화예술인들이 떠오르는 영감을 가지고 창작한 문화향품이 더 많은 사람에게 지속적 감동을 줄 수 있도록 하려면 그 문화향품 사업을 분석하고 전략을 수립하여 추진하는 전략적 접근이 필요하다.

전략(戰略, Strategy)은 “전쟁에서의 승리를 위해 여러 전투를 계획·조직·수행하는 방책”[1]으로 구체적인 상대인 적을 무찌르는 군사적 개념에서 출발하였으나 제한된 자원의 효율적 운영을 통해 최대의 효과를 도출하여 조직의 목적을 달성하기 위해 방안을 모색하는 개념으로 기업경영, 도시경영, 국가경영 등에서 사용되고 있다.

전쟁에서 승리하기 위해서는 싸움을 잘하는 군사와 우수한 무기 확보뿐만 아니라 충분한 식량의 보급과 정보의 수집, 분석 등 여러 영역이 잘 어우러져 진행되어야 한다. 식량보급이 원활하지 않으면 아무리 기량이 뛰어난 병사들이라도 전쟁에서 이길 수 없다. 특정 지역에 병력을 집중시켜 그 지역에서는 이기더라도 다른 지역에서의 전투에서 진다

1 두산백과사전(https://www.doopedia.co.kr, 2021. 4. 5 검색).

면 전쟁에서 이길 수 없다. 전장에서는 병사, 무기, 식량 및 정보 등의 자원이 항상 부족하다. 따라서 전쟁에서 이기기 위해서 제한된 자원을 어떻게 배분하여 운영할 것인가를 고민해야 하며 그 고민을 통해 도출한 적절한 방안이 '전략'이다.

만 명의 군사를 나누어서 동쪽에 오천 명을 배치하고 서쪽에 오천 명을 배치하는 균등 배치 방안(A)이 있을 수 있다. 한편, 동쪽에 만 명의 군사를 배치하고 서쪽에는 군사를 배치하지 않는 집중 배치 방안(B)도 있을 수 있다. 이 중에서 어떤 방안이 좋은 방안일까? 만일 적군이 동쪽으로만 쳐들어올 것으로 예상된다면 동쪽으로 모든 자원을 집중하여 배치하는 집중 배치 방안(B)이 올바른 방안일 것이다. 하지만, 예상과 다르게 적군이 서쪽으로 쳐들어오면 전쟁에서 패배할 것이다. 이처럼 제한된 자원을 어떻게 배분하여 운영하는가에 따라 전쟁에서의 승패는 달라진다. 전체 자원을 어떻게 나눌 것인가를 고민하는 것은 결국 어떤 곳을 어느 정도 선택하고 다른 곳을 어느 정도 포기할 것인가를 고민하는 것이다. 적군이 동쪽으로 내려올 것으로 예상이 되면 동쪽 지역을 제대로 방어하기 위해서 서쪽 지역 방어를 포기하는 집중 배치 방안(B)을 선택한다. 즉, '전략'은 '선택'과 '포기'를 결정하는 것이다.

사람을 모아서 기술을 개발하고 자금을 확보하여 사업을 할 때도 같은 개념이 적용된다. 사업에 필요한 자금을 넉넉하게 가지고 있거나 첨단 기술과 우수한 인력을 풍부하게 확보하여 문화향품을 개발하는 경우는 드물다. 사업자금을 많이 가지고 있어도 효율적으로 사용하지 않으면 사업자금은 금방 부족해지고, 우수한 인력이 많더라도 그 인력이 적재적소(適材適所)에 배치되지 않으면 역량을 제대로 발휘할 수 없으며, 첨단 기술도 시간이 지나면 일반 기술이 된다. 따라서 경쟁력이 있는 사업을 지속적으로 수행하기 위해서 적절한 '선택'과 '포기'를 통한 사업전략을 수립해야 한다.

1) 사업 순환 관리(PCM: Project Cycle Management)

유럽공동위원회(European Commission EuropeAid Co-operation Office)에서 제시하는 사업 순환 관리 6단계 과정은 [사업기획(Programming)→사업정의(Identification)→계획평가(Appraisal)→자금확보(Financing)→사업수행(Implementation)→사업평가(Evaluation)]로 이루어져 있다.[2] 이 방식은 주로 비영리를 목적으로 하는 사업 순환 관리체계로 자금확보(Financing)를 별도의 단계로 분리하여 구성하고 있다. 영리를 목적으로 하는 사업전략의 수립에서도 투자 또는 자금지원을 받는 것이 사업에서 중요한 경우에는 '자금확보'를 별도 단계로 분리하기도 한다. 하지만, 사업에서 쉽게 작성할 수 있는 '조사·분석·계획·실행·평가' 5단계의 사업 순환 관리를 먼저 이해할 필요가 있다.

사업 과정은 개념적으로 [조사→분석→계획→실행→평가]의 단계로 나누지만, 각 단계는 앞 단계와 다음 단계가 서로 연결되어 이어진다.

---

2 Manual Project Cycle Management, EuropeAid Co-operation Office General Affairs Evaluation(http://cca.org.mx, 2021. 4. 5 검색).

〈그림 4-1〉 사업 순환 관리체계

사업 순환 관리(Project Cycle Management)는 앞서 진행된 사업의 5단계를 통해 학습한 경험을 새로운 사업에 적용하여 경쟁력을 높일 수 있다. 사업은 한 번만 하고 끝나는 사업도 있지만 반복되어 진행되는 경우가 일반적이다. 사업 성격에 따라 그 반복주기(反復週期)는 일, 주, 월, 분기, 년 등으로 다를 수 있으며, 사업 순환 관리체계를 잘 이용하면 사업의 연결성과 반복성을 고려한 사업의 단계별 전략을 수립할 수 있다.

(1) 조사(Survey)

사업을 하기 위해서는 다양한 조사가 먼저 진행되어야 하지만 조사를 하는 데 너무 많은 시간, 인력, 비용이 소요되는 것은 피해야 한다. 그 정보가 꼭 필요한지에 따른 정보 중요도와 그 정보를 얻기 위해 쓰이는 시간 및 비용을 고려한 정보 가성비 등을 고려하여 조사주체, 조사범위, 조사대상 등을 정하는 것이 좋다.

〈표 4-1〉 조사의 구분 및 항목

구분	항목	비고
조사주체	직접 조사, 간접 조사	
조사범위	공간 범위, 시간 범위, 내용 범위	
조사대상	특정 사업, 불특정 사업	

사업자가 직접 조사하는 직접 조사 방식과 조사 전문가에게 의뢰하는 간접 조사 방식이 있다. 사업자가 직접 조사 및 분석을 통해 사업계획을 수립하면 사업 실행에도 도움이 될 뿐만 아니라 예상하지 못했던 문제에 대처하기 쉽다. 하지만, 조사와 분석 방법을 잘 알지 못하는 사업자의 경우에는 전문가의 도움을 받는 것이 효율적이다.

조사범위는 공간적, 시간적, 내용적 범위로 그 기준으로 나누어 볼 수 있다. 첫째, 공간적 범위에 대한 기준이 필요하다. 공간은 사업에 따라 전 세계를 대상으로 조사할 수도 있고, 아시아, 우리나라 등으로 조사하는 공간적 범위를 좁힐 수도 있다. 아니면 대중교통으로 한 시간 이내 도달할 수 있는 지역, 또는 걸어서 10분 이내에 도달할 수 있는 지역 등으로 수치에 따라 공간적 범위를 정해서 조사를 할 수도 있다. 공간적 범위 기준을 물리적 공간뿐만 아니라 가상공간의 범위도 기준을 정하여 조사하는 것이 바람직하다. 둘째, 조사기간과 조사빈도를 포함한 시간 범위를 정하여야 한다. 조사를 시작하는 시점과 마무리하는 시점을 정하고 얼마나 자주 조사를 할 것인지도 결정하여야 한다. 과거에 이미 진행된 내용을 조사한다면 얼마나 오래전 일까지 조사하는 것이 필요한지를 결정하고, 미래를 예측해야 할 때도 미래의 어느 시점까지를 예측하는 것이 필요한지를 결정하여야 한다. 셋째, 어떤 내용을 조사할 것인지 그 내용 범위를 정하여야 한다. 거시적 관점에서 산업 역사와 규모, 업체 수와 종사자, 수출입 현황과 법제도 등을 조사할 것인지, 아니면 미시적 관점에서 특정 기업의 성공 또는 실패 사례를 포함하여 구체적인 사업의 내용을 조사할 것인지를 결정하여야 한다.

구체적인 사업을 미리 정해 놓고 조사를 진행하는 특정 사업 조사도 있지만, 어떤 사업을 할지 아직 정하지 못한 상태에서 조사를 진행하는 불특정 사업 조사도 있다. 사업기획자가 특정 사업을 이미 염두에 둔 경우에는 해당 사업과 관련된 시장 상황, 법제도, 소비자 의식 등의 환경조사, 해당 사업을 하고 있거나 앞으로 할 것으로 예상되는 경쟁자 조사, 사업 수행 주체 조사 등을 진행한다. 만일 어떤 사업을 할지 정하지 않은 상태에서는 새로운 사업을 찾아보기 위하여 전시회, 박람회 등을 보러 다니거나 사업설명회에 참석하거나 신문을 읽는 것도 '두리번거리기(Wandering Around)'라는 불특정 사업 조사로 볼 수 있다.

(2) 분석(Analysis)

조사를 통해 수집된 자료를 분석하는 단계가 필요하다. 때로는 조사단계와 분석단계를 구분하지 않고 함께 진행하기도 한다. 하지만, 조사는 사실관계를 확인하고 믿을 만한 자료를 수집하는 것이라면 분석은 수집된 자료를 통해 새로운 사실을 찾아내는 것이기에 분리하여 진행하는 것이 바람직하다. 우리나라를 방문하는 중국 관광객 인원수를 직접 관광지에 가서 확인을 하거나 근거가 있는 통계자료를 수집하는 것이 조사단계라면, 수집된 자료를 바탕으로 관광객의 성별이나 나이에 따라 관광지역과 방문 시기에 어떤 유의미한 차이가 있는지를 찾아내는 작업이 분석단계이다. 분석을 하는 도중에 자료가 추가로 필요해지면 추가조사와 분석을 함께 진행하기도 한다.

분석은 정량분석과 정성분석으로 나누어 볼 수 있다. 숫자를 사용한 정량분석을 통해 시장점유율, 증가(감소)율, 수익률 등을 도출하여 사업계획 수립에 도움이 되는 정보를 체계적으로 작성할 수 있다. 숫자로 나타낼 수 없는 경우에는 SWOT분석, STPP분석 등의 분석틀을 활용하여 수집된 자료를 정성적으로 분석할 수 있다. 수집된 자료를 단순히 정리하여 나열하는 것은 분석으로 보기 어렵다.

조사할 때 그 범위에 대한 기준을 정하는 것처럼, 분석할 때도 어떤 요소를 기준으로 분석을 할 것인지를 결정하여야 한다.

(3) 계획(Plan)

사업계획을 제대로 수립하려면 시간의 흐름에 따른 일정계획, 사업 수행에 필요한 역할 및 기능에 따른 업무계획, 투입되는 사람에 따른 인력계획, 자체 보유 자금과 외부 조달 자금을 고려하고 시기별로 예상되는 수입과 지출을 포함한 재무계획 등으로 나누어 작성하는 것이 바람직하다.

일정계획은 행사 당일[3]을 기준으로 하여 행사 준비를 위해 필요한

3 상품 출시일, 영화 개봉일, 축제 개막일 등으로 이른바 'D-Day'로 부름.

시간을 정하고 그 시간의 흐름에 따라 수립한 계획으로 사전 일정, 행사 일정, 사후 일정으로 나누어 작성한다.

〈표 4-2〉 일정계획표

일정		업무	예산	담당인력
사전	D-50일 ~ D-20일			
	D-19일 ~ D-10일			
	D- 9일 ~ D- 2일			
	D- 1일			
행사	D-Day: 00일간 진행			
사후	D+ 1일			
	D+ 2일 ~ 9일			
	D+10일 ~ 20일			
	D+21일 ~ 30일			
	D+31일 ~ 50일			
	D+51일 이후			

업무계획은 사업추진에 필요한 역할과 기능을 정하고 그 해당 업무가 필요한 시기, 업무의 난이도, 업무 수행 과정에서 알게 되는 내부 비밀 수준, 업무 수행을 통해 얻게 되는 교육효과 등을 고려하여 작성한다. 회사 규모가 작아서 한 사람이 여러 역할과 기능을 수행할 때도 업무상 역할과 기능을 나누어서 계획을 수립하는 것이 바람직하다. 왜냐하면 수립 계획을 검토하여 구성원을 보강하거나 업무분장을 새롭게 할 수도 있기 때문이다. 구성원의 업무 평가 및 적성 여부 판단, 기존 구성원의 퇴사 또는 새로운 구성원 합류, 유사 업무의 통폐합, 업무

의 긴급성과 중요성 판단이 필요한 상황 발생 등에 적절하게 대처하기 위해서는 체계적인 업무 분류에 따른 업무계획을 수립하여야 한다.

인력계획을 수립하기 위해서는 해당 인력이 필요한 시기, 상근 인력과 비상근 인력, 내부 인력과 외부 인력, 장기 계약 인력과 단기 계약 인력, 직접 고용 인력과 간접 또는 용역 업체 인력 등을 고려하여야 한다. 이러한 고려 사항과 함께 인력의 등급, 비용 산정 및 지급 방식, 모집·교육·관리 방안도 인력계획에 포함되어야 한다.

재무계획을 작성하기 위해서 현재의 재무상태를 먼저 분석한다. 현금이나 예금과 같이 언제든지 사용할 수 있는 현금성 자산, 상품을 판매했지만 아직 돈을 받지 못해 미수상태인 채권, 판매하지 못하고 제품으로 가지고 있는 재고 상품, 건물이나 땅과 같은 부동산, 외상으로 사용하고 아직 지급하지 않은 채무 등을 정확하게 확인하여야 재무계획을 제대로 수립할 수 있다. 특정 사업을 수행하는 데 필요한 비용과 예상되는 수입을 기간별로 작성한 현금흐름도 작성하여야 한다. 사업의 전체 수입이 비용보다 더 많아서 재무적으로 흑자인 사업이라도 사업 초기에는 자금이 부족한 경우가 많이 있다. 이른바 '흑자도산(黑字倒産)'이 되지 않도록 현금흐름을 파악하고 금융기관 대출, 공공기관 지원금 확보, 사업 투자자 모집 등을 포함한 재무계획을 준비해야 한다.

이러한 일정계획, 업무계획, 인력계획, 재무계획은 각각 분리되어 있는 것이 아니라 서로 연동되어 있다. 업무계획에서 사업 초기에 홍보를 대대적으로 하겠다면 사업 초기에 홍보 전문인력의 인건비와 더불어 홍보비용도 많이 집행할 것을 고려한 인력계획과 재무계획이 수립되어야 한다.

계획은 미래를 예측하여 수립하는 것이기 때문에 정확할 수 없다. 그래서 "계획은 지키지 못하는 것을 약속하는 것"이라는 말도 한다. 미래를 정확하게 알 수 없기에 상황변화를 고려하여 예상되는 변수를 세 단계의 수준으로 나누어 계획을 수립한다. 즉, 가장 좋은 상황을 고려한 최상의 긍정계획(Positive Plan), 가장 나쁜 상황을 고려한 최악의 부정계획(Negative Plan), 그리고 최상 여건과 최악 여건의 중간 상황을 고려한 합리적 현실계획(Optimal Plan)을 수립하는 것이 좋다. 또한 발생할 확률이 낮지만 만일 발생한다면 매우 큰 영향을 미칠 수 있는 경우를 대비하는 비상계획(Contingency Plan, Plan B)도 수립하여야 한다.

(4) 실행(Action)

사업계획을 작성하는 이유는 사업을 취지에 맞게 실행하기 위한 것이다. 1인 기업도 사업자가 추진하려는 사업계획을 머릿속에서 끄집어내서 종이에 적다 보면 스스로 부족한 부분을 확인할 수 있다. 그 부족한 부분을 체계적으로 보완하면 그 사업은 제대로 실행될 수 있다. 여러 명이 모여서 사업을 하는 경우라면 각자의 생각이 다를 수 있는데 그 생각 중에 어떤 것을 선택하고 어떤 것은 포기할지를 미리 상의해야 사업을 실행할 때 우왕좌왕하지 않는다.

사업을 실행하는 도중에 내부 또는 외부의 여건이 바뀌는 경우가 많다. 함께 일을 하던 동료가 그만두거나, 투자를 약속했던 투자자의 사정으로 자금이 부족하거나, 법이나 제도가 변경되거나, 사업의 경쟁자가 나타날 수도 있다. 이러한 변화가 생기면 당연히 처음에 준비했던 사업계획대로 사업을 실행할 수는 없다. 그저 그 변화에 따른 새로운 사업계획을 수립하면서 실행해 나가야 한다.

사전에 모든 예상되는 변화를 다 고려하여 사업계획을 하는 것은 불가능하지만 예측 가능한 변수를 고려한 사업계획을 수립해 놓는 것도 사업 실행을 원활하게 할 수 있는 방법이다. 상황이 가장 좋은 경우의 사업계획 (A)뿐만 아니라 상황이 가장 좋지 않은 경우의 사업계획 (B)와 두 상황의 중간 정도의 사업계획 (C)를 미리 작성하는 것이 좋다.

(5) 평가(Evaluation)

문화예술분야 사업은 그 결과를 정량적으로 평가하기 어려운 경우가 많다. 영리를 목적으로 하는 사업이라면 매출액, 영업이익, 순이익 등의 재무적 결과가 사업을 평가하는 중요한 기준이 될 수 있다. 하지만 공공자금을 지원받아서 제작한 후 입장료를 받지 않고 대중의 향유를 위한 공연의 성과를 재무적 결과로만 평가할 수는 없다. 지원금을 받은 사업의 재무적 평가는 목적에 맞도록 지원금을 제대로 사용하고 그 증빙서류를 잘 구비하였는지가 중요할 뿐이다. 그래서 일부 문화사업 기획자는 사업평가를 중요하게 생각하지 않는 경우도 있다.

그러나 사업에 대한 평가는 발주처의 요구가 없어도 사업자가 스스로 기준을 만들어서 평가하는 것이 좋다. 자신이 수립한 사업계획과 비교하여 사업 결과는 어떤 부분은 잘했고 어떤 부분은 부족했는지를 평가해야 한다. 왜 그러한 사업 결과가 나왔는지를 분석하여 앞으로 새로운 사업을 준비할 때 같은 문제가 발생하지 않도록 해야 한다. 사업자는 이러한 평가과정을 거치면서 스스로 반복 학습 효과를 얻게 되어 경쟁력을 높일 수 있다.

사업평가를 위한 평가기준과 평가항목은 사업을 실행하기 전에 미리 작성해 놓아야 한다. 평가는 '절대평가'와 '상대평가'로 나눌 수 있으며, '정량평가'와 '정성평가' 방식을 함께 사용할 수 있다.

정량적 지표인 관객 수를 구간별로 나누어 공연을 평가할 수 있다. '100명 이하'는 1점, '101~200명'은 2점, '201~300명'은 3점, '301~400명'은 4점, '401명 이상'은 5점과 같이 관객 수를 구간으로 나누어 평가할 수 있다. 또는 '관객점수'='관객 수×2점'과 같이 점수로 평가를 할 수도 있다.

〈표 4-3〉 절대평가 예시

공연	관객(명)	구간평가		관객 수 직접평가점수	비고
		구간(명)	점수		
공연 A	10	0 ~100	1점	10명 × 2점 = 20점	
공연 B	150	101~200	2점	150명 × 2점 = 300점	
공연 C	206	201~300	3점	206명 × 2점 = 412점	
공연 D	330	301~400	4점	330명 × 2점 = 660점	
공연 E	480	401~	5점	480명 × 2점 = 960점	

공연을 관람한 관객 수 구간을 나누어 평가하면 공연 A는 1점, 공연 B는 2점으로 평가점수 차이가 크지 않지만, '관객 수×2점'으로 평가하면 공연 A는 20점, 공연 B는 300점으로 차이가 크게 벌어진다. 그

렇기 때문에 공연 A 사업자는 구간평가방식을 원할 것이고 공연 B 사업자는 관객 수 직접평가방식을 원할 것이다. 따라서 사업을 마친 후에 평가방식을 결정하면 특혜논란이 있을 수 있기에 사업을 수행하기 전에 미리 평가기준과 평가방식을 정해 놓아야 한다.

2) SWOT분석

사업을 계획한다는 것은 미래를 준비하는 것이다. 사업자가 사업을 계획대로 수행하여 원하는 바를 이룰 수 있는지에 대한 제반 환경과 여건을 검토하고 분석하는 여러 방식 중에 SWOT분석이 많이 사용된다. SWOT분석에서 도출된 긍정적인 여건은 잘 활용하고 부정적인 여건은 개선, 또는 극복할 수 있는 전략을 수립하면 사업 성공 가능성을 높일 수 있다.

"상대방을 알고 자신을 알면 백 번을 싸워도 위태롭지 않다.(知彼知己者, 百戰不殆)"는 중국 전국시대(戰國時代)에 손무(孫武)가 쓴 병법서

	내부 요소 / 직접통제 Internal / Direct Control		
긍정 요소 Positive	강점 Strength	약점 Weakness	부정 요소 Negative
	기회 Opportunity	위협 Threat	
	외부 요소 / 간접통제 External / Indirect Control		

〈그림 4-2〉 SWOT분석

(兵法書)『손자(孫子)』에서 유래하는 말이다. 이 책은 흔히 『손자병법』으로 일컬어지고 있으며 '지피지기백전백승(知彼知己百戰百勝)', '지피지기백전불패(知彼知己百戰不敗)'로 흔히 쓰인다.

SWOT분석은 사업자 자기 자신과 경쟁사 및 주변 여건을 제대로 알기 위해 크게 4가지 환경으로 나누어 사업 여건을 분석한다.

SWOT분석은 사업자의 내부 여건과 외부 여건을 나타내는 4가지 여건인 강점(Strength) 요소, 약점(Weakness) 요소, 기회(Opportunity) 요소, 위협(Threat) 요소의 영문자 앞 자를 모은 강점, 약점, 기회, 위협 요소를 분석하는 기법이다.

이 분석기법은 위의 〈그림 4-2〉와 같이 창문틀 모양으로 작성한다. 창문틀 위에 사업자의 내부 여건인 강점(S)과 약점(W)을 적는다. 창문틀 아래에 사업자의 외부 환경인 기회(O)와 위협(T)을 적는다. 이렇게 적으면 자연스럽게 창문틀 왼쪽은 사업에 도움이 되는 긍정적 요소들이 정리되고, 오른쪽에는 사업에 방해가 되는 부정적 요소들이 정리된다.

① 내부환경: 강점 요소(Strength), 약점 요소(Weakness)

② 외부환경: 기회 요소(Opportunity), 위협 요소(Threat)

③ 긍정환경: 강점 요소(Strength), 기회 요소(Opportunity)

④ 부정환경: 약점 요소(Weakness), 위협 요소(Threat)

이처럼 SWOT분석을 위해 강점, 약점, 기회, 위협 요소를 찾아낼 때 주의할 점이 있다. 첫째, 사업자가 추구하는 사업의 방향과 목표를 미리 정해야 한다. 왜냐하면 사업의 방향과 목표에 따라 강점, 약점, 기회, 위협이 되는 요소가 달라지기 때문이다. 예를 들어 보자. 키가 크다는 것은 강점일까, 아니면 약점일까? 농구선수가 되는 것이 목표인 사람에게는 키가 크다는 것은 강점이지만, 경마의 기수(騎手)가 되려는 사람에게는 약점이 될 수 있다. 둘째, 강점과 약점은 비교 대상이 필요하다. 사업자의 기술력이 높다면 강점이 될 수 있다. 그러나 그 기술력이 높다는 것은 상대적인 것이라서 우리나라 경쟁업체보다 높은 것인지, 세계의 경쟁업체와 비교하여도 높은 것인지 확인하여야 한다. 사업의 공간적 범위를 우리나라로 할 때와 세계로 확장할 때에 그 비교기준과 대상은 달라진다. 셋째, 강점, 약점, 기회, 위협 요소 중에 사업 목표와 관련성이 높고 중요한 요소를 찾아내야 한다. 많은 요소를 찾아내는 것은 중요하지 않다. 사업을 할 때는 모든 요소를 고려하는 것보다 중요한 요소를 확인하는 것이 더 중요하다. 여러 요소 중에 사업 목표와 관련성이 높고 중요하다고 생각하는 강점 요소 3가지, 약점 요소 3가지, 기회 요소 3가지, 위협 요소 3가지를 골라서 SWOT전략을 수립하는 것이 바람직하다. 즉, 사업전략을 수립할 때는 사업 목표를 수행하는 데 불필요하거나 관련성이 낮은 요소들은 버려야 한다. 다시 한번 강조한다. 전략은 버리는 것이다.

3) SWOT전략과 PINE전략

SWOT분석에서 찾아낸 강점, 약점, 기회, 위협 요소를 가지고 〈표 4-4〉와 같이 SO전략, ST전략, WO전략, WT전략을 수립하는 것은 쉽지 않다.

〈표 4-4〉 기존 SWOT전략

전략	개념	비고
SO전략(강점-기회전략)	시장의 기회를 활용하기 위해 강점 사용 전략	
ST전략(강점-위협전략)	시장의 위협을 회피하기 위해 강점 사용 전략	
WO전략(약점-기회전략)	약점을 극복함으로써 시장 기회 활용 전략	
WT전략(약점-위협전략)	시장 위협을 회피하고 약점 최소화 전략	

이론적으로는 〈표 4-4〉에서 제시하고 있는 방식이 가능하지만 두 가지의 다른 요소를 함께 고려한 전략을 수립하고 수행하는 것은 쉽지 않다. 특히, 내부·긍정환경인 강점 요소(S)와 외부·부정환경인 위협 요소(T)를 묶은 ST전략(강점-위협전략)이나 내부·부정환경인 약점 요소(W)와 외부·긍정요소인 기회 요소(O)를 묶은 WO전략(약점-기회전략)을 수립하고 수행하려면 경영전략에 대한 오랜 경험과 전문성이 필요하다. 그래서 SWOT 전략이론을 그대로 받아들여 작성한 사업제안서를 보면 무엇을 하려는지 제대로 이해할 수 없는 경우가 종종 있다.

SWOT전략을 간결하게 작성하여 수행할 수 있는 쉬운 방안이 있다. 첫 번째 단계는 SWOT분석에서 도출한 강점 요소, 약점 요소, 기회 요소, 위협 요소에 대한 요소별로 대응전략을 수립하는 것이다. 강점 요소 3가지를 찾아냈다면 그 3가지 강점 요소를 극대화할 수 있는 3가지 극대화 전략을 각각 수립한다. 아울러 3가지 약점 요소를 최소화할 수 있는 3가지 최소화 전략, 3가지 기회 요소를 활용할 수 있는 3가지 활용전략, 3가지 위협 요소를 극복할 수 있는 3가지 극복전략을 각각 수립하여 총 12가지 전략을 수립한다. 두 번째 단계는 12가지 전략에서 6가지 전략은 버리고 남은 6가지 전략을 선택하는 단계이다. 12가지 전략을 살펴보면 전략 간에 상충되는 전략들이 있다. 좋은 전략이라고 생각되는 전략도 그 전략을 수행하려다 보면 다른 전략을 수행하는 것이 어렵게 되는 경우가 있다. 이럴 때는 두 가지 전략 중 한 가지 전략은 과감히 버려야만 한다. 세 번째 단계에서는 선택된 6가지 전략 중에서 다시 2~3가지 정도의 전략을 버린다. 특정 전략을 수행하는 데 필요한 비용, 인원, 시간 등을 고려하여 너무 많은 자원이 필요한 전략이 있다면 버린다. 또한 6가지 전략 중에 상대적으로 수행하기 어렵거나 효율이 떨어지는 전략도 버리는 것이 좋다. 네 번째 단계는 최종적으로 선정된 3~4가지 정도의 전략을 중심으로 구체적인 실행계획을 수립하는 것이다.

즉, 12가지 SWOT요소에 대응하는 12가지 SWOT전략을 수립한 후에 6가지 전략을 버리고, 다시 2~3가지 전략을 버려서 최종적으로 3~4가지 전략을 선택하는 방식은 상대적으로 중요한 전략을 추리는 과정을 중요하게 고려하는 방식이다.

처음부터 4가지 전략을 수립하는 방식도 있다. SWOT분석에서 확인된 요소들을 창문틀 모양으로 배치한 다음에 첫 번째로 긍정요소인 강점(S) 요소와 기회(O) 요소를 활용하여 극대화하는 긍정환경전략(Positive Strategy)을 수립한다. 두 번째로 사업자의 내부요소이며 사업자가 직접 통제할 수 있는 강점(S) 요소와 약점(W) 요소에 대응하는 내부대응전략(Internal Strategy)을 수립한다. 세 번째로 부정요소인 약점(W) 요소와 위협(T) 요소를 개선하고 극복할 수 있는 부정환경전략(Negative Strategy)을 수립한다. 마지막으로 외부요소이며 사업자가 직접 통제할 수 없는 기회(O) 요소와 위협(T) 요소에 대응하는 외부대응전략(External Strategy)을 수립한다. 긍정환경전략(Positive Strategy), 내부대응전략(Internal Strategy), 부정환경전략(Negative Strategy), 외부대응전략(External Strategy)으로 나누어진 PINE전략은 기존 SWOT전략의 SO전략과 WT전략은 그대로 채택하지만, ST전략과 WO전략은 버리고 그 대신 SW전략과 OT전략을 추가한 것으로 이해할 수 있다.

<table>
<tr><td></td><td></td><td colspan="2">내부대응전략
Internal Strategy</td><td></td><td></td></tr>
<tr><td></td><td></td><td colspan="2">내부요소 / 직접통제
Internal / Direct Control</td><td></td><td></td></tr>
<tr><td rowspan="2">긍정환경
전략
Positive
Strategy</td><td rowspan="2">긍정요소
Positive</td><td>강점
Strength</td><td>약점
Weakness</td><td rowspan="2">부정요소
Negative</td><td rowspan="2">부정환경
전략
Negative
Strategy</td></tr>
<tr><td>기회
Opportunity</td><td>위협
Threat</td></tr>
<tr><td></td><td></td><td colspan="2">외부요소 / 간접통제
External / Indirect Control</td><td></td><td></td></tr>
<tr><td></td><td></td><td colspan="2">외부대응전략
External Strategy</td><td></td><td></td></tr>
</table>

〈그림 4-3〉 SWOT분석과 PINE전략 개념도

강점과 약점은 내부요소로 사업 주체가 통제할 수 있기에 강점을 극대화하고 약점을 최소화하는 것은 사업자의 의지와 노력에 달려 있다. 내부대응전략(Internal Strategy)은 강점과 약점을 묶어서 이에 대응하는 전략이다. 기회와 위협은 외부요소로 사업자가 직접적으로 통제하기 어려운 부분이기에 기회 요소를 활용하고 위협 요소를 극복하는 외부대응전략(External Strategy)이 필요하다. 강점과 기회 요소는 사업자가 사업을 추진하는 데 긍정적인 요소들이기에 강점을 극대화하고 기회를 잘 활용할 수 있는 긍정환경전략(Positive Strategy)을 모색할 수 있다. 한편 약점과 위협 요소는 사업자가 사업을 추진하는 데 부정적인 요소들이기에 약점을 최소화하고 위협 요소를 극복하는 방안을 모색하는 부정환경전략(Negative Strategy)을 수립해야 한다. 이렇게 내부와 외부, 긍정과 부정으로 사업환경을 나누어 이에 적합한 PINE전략을 수립할

〈표 4-5〉 PINE전략

전략		개념
긍정환경전략 Positive Strategy	강점(S) 극대화전략 기회(O) 활용전략	사업 수행에 긍정 요소인 강점을 극대화하고 기회 요소를 활용하는 전략
내부대응전략 Internal Strategy	강점(S) 극대화전략 약점(W) 최소화전략	사업자가 직접 통제할 수 있는 내부요소인 강점을 극대화하고 약점을 최소화하는 전략
부정환경전략 Negative Strategy	약점(W) 최소화전략 위협(T) 극복전략	사업 수행에 부정 요소인 약점을 최소화하고 위협 요소를 극복하는 전략
외부대응전략 External Strategy	기회(O) 활용전략 위협(T) 극복전략	사업자가 직접 통제하기 어려운 외부요소인 기회 요소를 활용하고 위협 요소를 극복하는 전략

수도 있다.

PINE전략은 사업에 긍정적인 요소(P)와 사업자가 통제할 수 있는 내부요소(I)를 먼저 고려한다. 때로는 사업전략을 수립할 때 부정적인 요소(N)와 사업자가 직접 통제할 수 없는 외부요소(E)는 확인만 하고 특별한 대응책을 수립하지 못할 수도 있다. 따라서 사업자가 직접 통제할 수 없거나 어려운 부분에 대하여 고민을 하는 것보다는 사업자가 잘할 수 있는 요소를 확인하여 집중할 때 사업 성공 가능성이 크다.

4) STPP전략

사업자가 수행하려는 사업을 전 세계 모든 사람에게 알려서 그들의 소비를 이끌어 내려면 매우 많은 자금을 투입하여 많은 사람이 오랜 시간 동안 노력해야 한다. 사실 사업을 수행할 때 필요한 자금, 인력, 기술, 시간 등이 풍부한 경우는 상상하기 어렵다. 항상 필요한 자금보다 확보할 수 있는 돈은 적으며, 필요한 인력보다 적은 인원만 투입이 가능하고, 기술의 수준은 낮고, 시간은 부족하다. 따라서 사업계획에서는 제한된 자금, 인력, 기술, 시간을 효율적으로 배분하고 운영하여 목표했던 성과를 만들어 낼 수 있는 방안을 세우는 것이 중요하다.

전 세계 모든 사람의 사랑을 받을 수 있으면 좋겠지만, 제한된 자원을 가지고 사업을 수행할 때에는 사업의 목표시장을 정확하게 정하고 그 목표시장에 집중하여 적합한 전략을 수립하여야 한다. 전략은 버리는 것이다. 목표시장 이외의 다른 시장은 일단 버리고 목표시장 중심으로 사업계획을 수립하는 것이 바람직하다.

목표시장을 설정하고 그 목표시장에 적합한 전략을 수립하는 방법으로 STPP전략이 있다. STPP전략은 경영학에서 일반적으로 언급되고 있는 STP전략에 협력전략(Partnership)을 추가한 것이다. STPP전략은 시장 나누기(Segmentation, 세분화), 목표시장 결정(Targeting), 비교위상 설정(Positioning), 그리고 협력체계 구축(Partnership)의 네 단계를 통해 진행된다.

(1) 시장 나누기(Segmentation, 세분화)

시장 나누기(Segmentation)는 사업의 예상 소비집단을 나누는 영역 기준을 결정하는 과정이다. 시장 나누기에서 많이 사용되는 방식은 인구통계에 따른 나눔, 지리·행정 나눔, 소비자의 생활 유형이나 개성에 따른 심리·행동 나눔이 있다.

〈표 4-6〉 시장 나누기 영역 기준

나누기 (Segmentation)	영역 기준	
인구통계 (Demographic)	나이, 성별, 소득, 직업, 교육, 인종, 국적, 결혼	
지리·행정 (Geographic)	자연지리	지역, 도시규모(형태), 인구밀도, 자연환경, 언어
	행정구역	국가, 광역자치(시·도), 기초자치(시·군·구)
심리·행동 (Psychographic)	가치관, 생활 유형, 취미, 경험, 소비 형태	

시장 나누기를 할 때 고려할 사항은 집단 내에서의 동질성(同質性,

Homogeneity)과 다른 집단과의 이질성(異質性, Difference)을 확인하는 것이다. 어떤 구성원들이 비슷한 성질인 동질성(同質性)을 가지고 있다면 그들은 하나의 집단으로 묶을 수 있다. 집단을 A와 B라는 두 개의 다른 집단으로 나누려면 나누어진 집단 A에 속하는 구성원과 집단 B에 속하는 구성원 간에는 서로 다른 성질인 이질성(異質性)이 있어야 한다. 예를 들어, 영화를 보는 관객은 나이에 따라 '9세 이하', '10~18세', '19~30세', '31~45세', '46세 이상'으로 나눌 수 있다. 10세에서 18세의 사람들은 비슷한 성향을 가지고 있으며, 19세 이상의 사람들과 성향이 다르다면 나이에 따라 시장 나누기를 할 수 있다. 하지만 10~12세에 속하는 사람들이 13~18세에 속하는 사람들의 성향과 큰

〈표 4-7〉 시장 나누기 영역 기준 예시

나누기 (Segmentation)	영역	영역 기준
인구통계 (Demographic)	나이	9세 이하, 10~18세, 19~35세, 36~50세, 51세 이상
	성별	남, 여, 기타
	월 소득	100만 원 이하, 101~250만 원, 251~400만 원, 401만 원 이상
	교육	중학교 졸업, 고등학교 졸업, 대학교 졸업, 대학원 졸업
지리·행정 (Geographic)	지역	한국, 아시아(한국 제외), 유럽, 아프리카, 아메리카, 기타
	행정	수도권, 영남권, 호남권, 중부권, 강원권, 제주
	형태	도시, 농촌, 어촌, 산촌
심리·행동 (Psychographic)	취미	영화관람, 독서, 음악감상, 운동, 기타
	경험	원작 소설 독서 경험 여부
	방식	영화관 방문 관람, OTT(Over-The-Top), 휴대 전화

차이가 있다면 이들을 하나의 집단이 아닌 두 집단으로 나누어야 한다. 사업을 하는데 해당 영역에서 특별한 이질성을 찾을 수 없다면 그 영역은 시장 나누기를 할 필요가 없다. 결혼 여부나 직업의 종류에 따라 영화관람에 큰 차이를 보이지 않는다면 그에 따른 시장 나누기는 하지 않아도 된다. 즉, 수행하는 사업에 따라 시장 나누기의 영역 기준은 달라진다.

사업자는 공공기관이나 언론에서 조사하여 발표하는 기초 자료를 가지고 인구통계에 따른 시장 나누기와 지리적 나누기는 비교적 명확하게 할 수 있다. 심리·행동 나누기는 그 영역과 기준 설정이 쉽지 않지만, 목표시장 결정에 매우 중요한 기준이 된다. 인기 소설을 활용하여 영화를 제작하는 예를 살펴보자. 이 영화를 보는 관객들을 나눌 때 그 소설을 읽은 '경험'은 시장 나누기의 중요한 기준이 될 수 있다. 영화에서 이야기 전개를 빠르게 진행하더라도 소설을 읽은 경험이 있는 영화관객들은 주인공과 사건의 흐름을 이미 알고 있어서 영화를 이해하는 데 큰 문제가 없지만, 소설을 읽지 않은 사람들은 그 영화를 제대로 이해하지 못할 수 있다. 반대로, 영화에서 이야기를 천천히 전개하면 소설을 읽은 관객들에게 그 영화는 지루하게 느껴질 수도 있다.

(2) 목표시장 결정(Targeting)

시장 나누기 단계에서 제시된 다양한 집단군(集團群) 중에 어떤 집단을 사업의 주요 목표시장으로 할 것인지를 결정하는 것은 중요한 사업전략이다. 시장 나누기에서 나누어진 집단군에서 핵심 목표시장(Core Target)

은 굵은 글자체로 표시하고, 보조 또는 확장 목표시장(Sub / Expanded Target)을 일반 글자체로 표시하고, 버리는 집단군을 '중간줄(—)'로 표시하여 나눈 집단에 대한 선택 여부를 제시한다.

〈표 4-8〉 목표시장 결정 예시

나누기 (Segmentation)	영역	목표시장
인구통계 (Demographic)	나이	~~9세 이하, 10~18세,~~ **19~35세**, 36~50세, ~~51세 이상~~
	성별	~~남,~~ **여**, ~~기타~~
	월 소득	~~100만 원 이하,~~ **101~250만 원**, 251~400만 원, ~~401만 원 이상~~
	교육	~~중학교 졸업,~~ **고등학교 졸업**, **대학교 졸업**, ~~대학원 졸업~~
지리행정 (Geographic)	지역	**한국**, 아시아(한국 제외), ~~유럽, 아프리카, 아메리카, 기타~~
	행정	수도권, **영남권**, ~~호남권, 중부권, 강원권, 제주~~
	형태	**도시**, ~~농촌, 어촌, 산촌~~
심리행동 (Psychographic)	취미	**영화관람**, **독서**, 음악감상, ~~운동, 기타~~
	경험	**원작 소설 독서 경험 있음**
	방식	~~영화관 방문관람, OTT(Over-The-Top),~~ **휴대 전화**

굵은 글자: 핵심 목표시장, 일반 글자: 보조 또는 확장 목표시장, ——: 제외 시장

핵심 목표시장(Core Target)을 대상으로 사업전략을 수립하고 자금, 인력, 시간 등이 추가 확보되면 보조 또는 확장 목표시장(Sub / Expanded Target)을 대상으로 사업전략을 확대하여 수립하는 것이 좋다.

목표시장이라는 집단군의 성격을 정확하게 파악하여야 한다. 상품이나 서비스의 직접 사용자가 반드시 상품 구매자(또는 비용 지불자)가 아닐 수도 있다. 때로는 상품이나 서비스의 구매자가 구매 의사결정자

가 아닐 수도 있으며, 구매 의사결정에 영향을 미치는 조언자가 별도로 존재할 수도 있다. 따라서 목표시장을 결정할 때 직접 사용자, 구매자(비용 지불자), 의사결정자, 조언자의 집단군을 나누어 분석하고 결정하여야 한다. 목표시장을 결정할 때 〈표 4-9〉의 12개 칸을 채워서 사업전략을 수립하는 것이 바람직하다.

유치원에서 단체로 연극을 관람하는 예를 들어 보자. 실제로 연극을 관람하는 직접 사용자(향유자)는 5~7세의 어린이지만, 입장료를 지불하는 구매자는 30~40세의 유치원생의 부모이다. 유치원 원장님이나 담당 선생님이 관람할 연극을 결정하지만, 이들은 학부모회 회장이나 블로그나 카페와 같은 사회관계망(SNS)의 영향을 받는다. 연극 관객이 5~7세 어린이라고 해서 어린이의 월 소득, 교육 수준, 생활방식 등을 가지고 사업전략을 수립하면 곤란하다.

〈표 4-9〉 목표시장과 집단군

	➡➡➡ 시장 크기와 다양성이 점점 커짐 ➡➡➡		
목표시장 / 집단군	핵심 목표시장 (Core Target)	보조 목표시장 (Sub Target)	확장 목표시장 (Expanded Target)
조언자(Influencer/Advisor)			
의사결정자(Decision Maker)			
구매자/비용 지불자(Buyer)			
직접 사용자(User)			

(3) 비교위상 설정(Positioning)

사업자 상품과 경쟁사 상품에 대하여 소비자들이 가지고 있는 인식을 비교하여 나타내는 것을 '비교위상(比較位相)'이라고 한다. 만약 사업자와 경쟁사가 모두 사업을 수행하고 있다면 시장조사를 통해 소비자들이 생각하고 있는 각각의 상품에 대한 위상을 확인하여 비교한다. 사업자 상품에 대한 소비자의 기존 인식을 바꾸고자 한다면 '비교위상 이동전략(比較位相 移動戰略)'을 수립한다. 사업자가 새로운 상품을 기획하고 있다면 사업자 또는 경쟁사의 기존 상품과 비교하여 새로운 상품이 소비자에게 심어 줄 '비교위상 각인전략(比較位相 刻印戰略)'을 수립한다.

그리고 기존 상품에 대한 소비자의 생각을 바꾸거나 새로운 상품에 대한 소비자 생각을 새롭게 각인시키는 과정을 합쳐서 '비교위상 설정(Positioning)'이라고 한다. '비교위상 설정'은 사업자 상품과 경쟁업체 상품의 비교기준을 X축과 Y축에 각각 표시하여 하나의 그래프에서 각각의 위상을 비교한다.

예를 들면 가방을 판매하는 사업자 A는 소비자가 가방의 기능성뿐만 아니라 심미성을 중요하게 생각한다는 소비자 설문조사를 바탕으로 자신의 가방에 대한 소비자 인식 위상을 바꾸는 전략을 수립할 수 있다. 즉, 소비자에게 가격은 비싸고 기능성이 높지만 심미성이 낮은 것으로 인식되고 있던 '가방 a'를 가격은 더 비싸지만 기능성뿐만 아니

〈표 4-10〉 비교위상 이동전략 예시

상품	가격(원)	심미성	기능성	비고
가방 a	70,000원	낮음	높음	
가방 a+	90,000원	높음	높음	

〈표 4-11〉 비교위상 각인전략 예시

상품	가격(원)	심미성	기능성	비고
가방 d	60,000	높음	낮음	
가방 e	70,000	낮음	높음	
상품 a	70,000	낮음	높음	
상품 a+	90,000	높음	높음	

라 심미성도 있는 '상품 a+'으로 '비교위상 이동전략'을 수행할 수 있다.

경쟁사 상품과의 비교위상 각인전략을 알아보자. 소비자들은 6만 원에 판매되는 D업체 '가방 d'가 예쁘지만 기능성이 부족하고, 7만 원에 판매되는 E업체 '가방 e'는 예쁘지는 않지만 기능성이 우수하다고 생각한다. 사업자 A는 기존의 '가방 a'가 소비자들에게 E업체 '가방 e'와 동일하게 인식되지 않도록 '가방 a+'를 출시하여 경쟁사 상품과 차별화되는 비교위상을 확보할 수 있다.

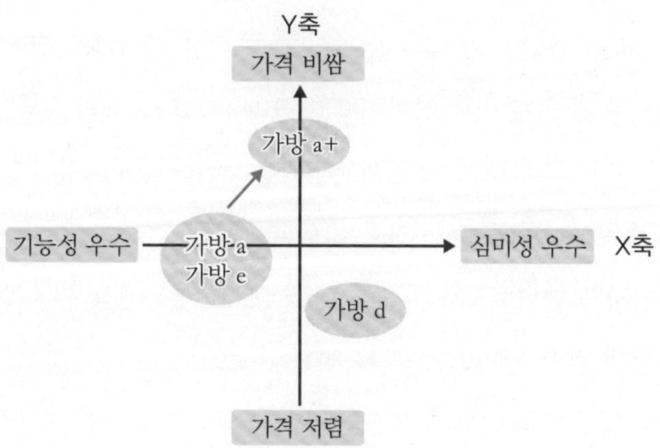

〈그림 4-4〉 비교위상 설정

여러 가지 기준을 X축과 Y축으로 대입하여 다양한 그래프를 작성하면 사업자의 사업이 경쟁업체들과 어떤 차별성이 있는지, 어떤 부분의 경쟁이 치열한지를 확인할 수 있다.

(4) 협력체계 구축(Partnership)

STPP의 마지막 'P'는 협력체계 구축(Partnership)을 의미한다. 모든 사업은 다른 영역과의 협력체계를 잘 구축하여야 성공할 수 있으며 문화산업에서는 협력체계 구축의 중요성이 더욱 크다. 협력체계는 가치사슬 생태계 내부 협력, 가치사슬 생태계 외부 협력, 그리고 경쟁업체와의 협력으로 나눌 수 있다.

가치사슬이란 한 분야의 산업(또는 사업)에서 사슬같이 이어져서 가치가 추가로 발생하는 일련의 과정을 말하며, 사업의 가치사슬 전체가 잘 연결되어 서로에게 긍정적인 영향을 주어야 사업이 성공할 수 있다. 문화산업의 가치사슬은 [기획·개발→사업화→활용·유통→향유·체험·소비]의 단계로 볼 수 있는데, 각 단계의 사업자가 협력하는 것을 '가치사슬 생태계 내부 협력'이라고 한다. 기획 및 개발단계, 사업화 단계, 활용 및 유통단계, 소비와 향유 및 체험단계의 사업자들이 체계적으로 협력하면 매우 큰 성과를 거둘 수 있다.

사업자가 영화제작사인 예를 들어 보자. 영화제작사는 많은 관객이 영화관에 와서 영화를 보도록 영화 홍보에 많은 자금을 사용할 뿐만 아니라 다양한 방법으로 대중의 관심을 얻고자 노력한다. 영화에 출연한 배우들이 방송 프로그램에 등장하거나 영화관 무대인사를 하면서 배우들을 통해 대중에게 새 영화를 홍보한다. 일반적으로 영화 촬영이 끝난 후 음향, 영상편집, CG 등의 후반작업에 몇 개월이 소요되기에 영화가 개봉되는 시점에는 그 영화에 출연했던 배우들은 다른 일정으로 바쁘다. 영화제작사는 출연 배우들의 협력이 있어야 영화에 대한 대중의 관심을 끌 수 있다는 것을 알고 있기에 배우와의 출연 계약을 할 때 홍보 방식과 일정 등도 계약에 포함한다. 가치사슬 생태계 내부 단계인 기획 및 개발단계에 속하는 배우들의 협력이 사업화 단계에 속하는 영화제작사에게 매우 중요하다.

무엇보다도 영화 사업에서 활용 및 유통 단계에 속하는 영화관의 역할은 매우 크다. 영화를 몇 개의 영사막(Screen)에서 어떤 시간대에 얼마나 오랜 기간 상영하느냐에 따라 그 영화의 흥행이 좌우된다. 그래서 영화 제작에 자금을 투자하는 재무적 투자자와 영화상영관을 소유하고 있는 전략적 투자자의 협력체계가 잘 이루어져 있을 때 영화 사업의 성공 가능성은 높아진다.

영화관객도 영화 사업 가치사슬 생태계 내부에서 중요한 역할을 한다. 영화를 본 관객들이 사회연락망(Social Network Service)에 남긴 관람후기는 아직 그 영화를 보지 않은 관객들에게 큰 영향을 준다. 기존 회원을 통한 새로운 회원 확보전략(MGM: Member Get Member)은 사업에서 매우 중요한 전략이다. 가수나 연예인들이 자신을 좋아하는 팬들과의 만남을 잘 유지하거나 축제장을 방문했던 관람객들과 지속적인 정보교환을 하는 것도 바람직한 협력방안이 될 수 있다.

이처럼 사업을 성공적으로 수행하기 위해서는 가치사슬 생태계 외부 협력도 중요하다. 가치사슬 생태계의 외부에 속하는 영역은 '지원영역'과 '후광영역'으로 나눌 수 있다. 지원영역은 법, 제도, 금융, 재무, 마케팅, 교육, 전달 매체, 기구와 장비, 기술과 기법, 문화와 사회 등의 영역이 있으며, 후광영역은 장소, 공간, 지역 및 도시를 포함한 국가와 사람, 소비재를 비롯한 산업제품, 사회규범 및 새로운 문화 등의 영역이 있다.

일각에서는 경쟁업체와 협력을 어렵게 생각하거나 부정적으로 보기도 한다. 확실히 경쟁업체와의 협력은 같은 종류의 상품을 판매하는 업체가 가격이나 생산량 등을 협의해서 업체 간의 경쟁을 피하는 단합(團合, collusion)이나 카르텔(cartel)과는 다르다. 음악제, 영화제, 미술전, 출판전시회, 문화산업박람회 등의 행사에는 해당 분야에 종사하는 업체들이 함께 모이게 된다. 이 행사 참가업체들은 서로가 서로에게 경쟁관계일 수 있다. 하지만 경쟁업체들이 모여서 해당 산업에 대한 고민과 문제점도 논의하고, 다른 경쟁자들의 작품도 살펴보고 평가하여 우수한 성과에 대해서는 시상하는 과정이 있으면 그 산업 분야는 발전할 수 있다.

또한 경쟁업체와의 협력은 소비자에게 더 유용한 가치를 제공한다. 영화의 예를 들어 보자. 영화관이 영사막을 하나만 갖고 있어서 한 편의 영화만을 상영하면 그 영화관을 찾은 관객은 영화를 선택할 수 없지만, 10개의 영사막을 가지고 동시에 여러 영화를 상영하는 영화관이라면 그 영화관을 찾은 관객은 다양한 영화 중에서 보고 싶은 영화를 선택할 수 있게 된다. 영화제작사는 영화관에서 자기 영화만을 상영해 주기를 바랄 수 있지만, 한 영화관에서 여러 편의 경쟁 영화가 상영되는 편이 소비자인 관객에게 더 유용한 가치를 제공하게 되어 영화산업이 발전하고 궁극적으로 영화제작사에게도 도움이 된다.

5

사업기획과 재무관리

1) 사업계획 수립

사업계획서는 그 사업에 직접 참여하는 구성원이 내용을 이해하고 집행할 수 있어야 할 뿐만 아니라, 그 사업에 직접 참여하지 않는 다른 사람들까지도 내용을 쉽게 이해할 수 있도록 작성되어야 한다. 특히, 다른 사람이 사업계획을 평가하여 지원사업으로 선정하거나 사업 투자를 결정하는 경우라면 다음의 사항을 고려하여 사업계획서를 작성하는 것이 바람직하다.

(1) 사업 구체성(Specific)

사업계획은 매우 구체적으로 세워야 한다. 좋은 작품을 만들어서 많은 사람이 즐길 수 있도록 열심히 최선을 다해 노력하겠다는 사업계획은 바람직하지 않다. '좋은 작품'은 어떤 작품인가? 다른 경쟁 작품과는 어떤 점에서 다른가? 가격이나 내용이 매력적인가? 앞에서 이야기한 '시장 나누기(Segmentation)'와 '목표 설정(Targeting)'을 통해서 '많은 사람'이

누구인지 구체적으로 정해야 한다. '열심히 최선을 다해 노력하겠다'는 매우 막연하고 의미도 없는 계획이다. 사업을 하는 사람 중에 열심히 노력하지 않는 사람은 없다. 어떤 영역의 노력을 어떻게 할 것인지를 구체적으로 제시하여야 한다. SWOT분석을 통해서 강점·약점·기회·위협 요소들을 분석하였고, 이 요소들에 대하여 긍정·내부·부정·외부 대응전략인 PINE전략을 수립하였다면 이들을 종합하여 구체적인 계획을 제시할 수 있다.

(2) 측정 가능성(Measurable)

사업 성과를 측정할 수 있도록 사업계획을 수립하여야 한다. 사업 목표는 정성적 목표와 정량적 목표로 나누어 작성할 수 있는데, 정량적 목표는 숫자로 제시할 수 있지만, 정성적 목표는 숫자로 제시하는 것이 쉽지 않다. 영화관객 수를 정량적 목표로 정한다면 영화를 개봉하는 날의 관객, 일주일 누적 관객, 국내 관객, 해외 관객 등 영화관객 수를 기간과 분야로 나누어 그 성과를 측정할 수 있도록 해야 한다.

만일 사업계획에서 영화관객 수 100만 명을 목표로 하였는데, 실제로는 80만 명이 영화를 보았다면 목표 대비 80%를 달성한 것이다. 영화를 개봉하는 날의 관객 수 목표를 5만 명으로 세웠는데 개봉하는 날에는 6만 명의 관객이 영화를 보았다면 사전홍보전략은 성공적으로 평가할 수 있다. 하지만 최종 관객 수가 80만 명에서 멈추었다면 일주일 누적 관객 수, 국내 관객 수와 해외 관객 수 등의 분석을 통해서 문제점을 파악하고 대응전략을 수립해야 한다.

정성적 목표도 그 성과를 측정할 수 있도록 계획을 수립해야 한다. 예를 들어, 축제를 통해 전통문화에 대한 인식을 바꾸겠다는 정성적 목표를 세운다면 축제를 하기 전, 축제를 진행하는 기간, 그리고 축제가 끝난 후에 세 번에 걸쳐 지역민과 지역 방문객을 대상으로 5점 척도 설문조사를 하여 나타난 결과를 바탕으로 축제가 전통문화에 대한 인식을 얼마나 바꾸었는지를 측정할 수 있다.

(3) 실현 가능성(Achievable)

시간, 자금, 인력, 기술 등을 고려하여 목표 달성이 가능한 사업계획을 수립해야 한다. 무리한 목표를 설정하거나 희망 사항에 불과한 사업계획은 바람직하지 않다. 지원사업에 선정되거나 투자를 받기 위해서 사업자 능력을 벗어나는 목표를 제시하면 곤란하다. 높은 목표를 달성하려는 도전정신과 의지는 바람직하다. 만일 사업자의 사업계획이 무모하지 않다면 그 사업계획의 실현 가능성을 높이는 방안을 제시하여야 한다.

실현 가능성을 높이려면 강점·약점·기회·위협 요소에 대한 분석을 구체적으로 하고 긍정·내부·부정·외부 요소에 대한 대응전략을 현실적으로 제안하여 현장에서 사업을 수행할 수 있도록 사업계획을 수립해야 한다. 다만 사업계획서는 이미 일어난 과거의 일을 기록하는 것이 아니라 미래에 진행될 일들을 예상하여 제시하는 것이기에 실현되기 어려울 수도 있다. 미처 생각하지 못하였던 새로운 변수가 등장하여 사업계획을 변경해야 할 수도 있다. 미래에 발생할 모든 변수를 사업계획을 수립하는 시점에서 예상할 수는 없지만, 사업 수행에 큰 영향을 미치는 주요 요소들의 변동범위를 설정하여 사업계획을 수립하면 사업계획의 실현 가능성은 높아진다. 즉, 주변 여건이 사업에 부정적인 경우와 긍정적인 경우를 가정하여 각각에 적합한 사업계획을 수립하면 사업을 수행할 때 주변 여건의 변화에 대한 적절한 대응이 가능해진다.

(4) 목표 연관성(Relevant)과 사업 지속성(Retainable)

사업계획의 전체 목표와 세부 사업 목표는 연관성이 있어야 한다. 기업에는 '사훈(社訓)'이 있고, 학교에는 '교훈(校訓)'이 있다. 대통령은 선거 기간에 제시했던 '공약(公約)'을 기반으로 '국정목표(國政目標)'와 '국정과제(國政課題)'를 정하고 자치단체장은 도정 목표와 도정 과제, 시정 목표와 시정 과제 등을 제시한다. 이처럼 사업자가 회사를 설립한 목표가 있다면 사업계획은 그 회사의 설립 목표와 연관성이 있어야 한다. 특정 사업이나 행사가 성공적으로 수행되었어도 그 회사의 목표 달성에 도움이 되지 않거나 방해가 된다면 그 사업이나 행사는 하지 말아야 한다. "나무를 보지 말고 숲을 보라"는 말도 있듯이, 멋있게 자란 나무 한 그루가 아무리 멋지더라도 그 나무로 인해 숲의 전체 생태계가 무너진다면 그 나무는 베어내어야 한다.

사업계획서에는 그 사업을 추진하는 기간뿐만 아니라 사업이 마무리된 이후에 대한 계획도 포함되어야 한다. 지원금을 받아서 운영하는 사업이라면 그 사업에 대한 지원 기간이 끝난 다음 어떤 방식으로 그 사업을 지속적으로 운영할지에 대해 생각해야 한다. 사업계획을 기획한 구성원이 빠지더라도 다른 구성원에 의하여 그 사업이 정상적으로 운영될 수 있도록 사업계획을 수립하여야 한다. '사업 순환 관리체계'의 [조사→분석→계획→실행→평가]에 따라 먼저 수행한 사업에 대한 평가를 통해 도출된 '학습효과'를 바탕으로 다시 조사하고 분석하여 더 나은 계획을 수립하여야 사업의 지속성을 확보할 수 있다.

(5) 시기 적합성(Timely)

사업을 계획하는 기간, 수행하는 기간, 사후 평가하는 기간 등으로 나누어 시기에 따른 사업계획을 수립해야 한다. 동일한 사업을 반복적으로 진행할 경우에는 전체 사업 기간을 3~5회로 나누어 각 기간별 목표와 세부 과제에 대한 계획을 세워야 한다. 1년에 1회 진행하는 축제라면 3년에서 5년이라는 기간을 설정하고 매년 추진할 목표와 세부 과제를 기간별로 나누어 사업계획을 세우는 것이 좋다. 축제의 공연내용뿐만 아니라 홍보전략, 관람객 수, 입장료 수입액, 후원금 등은 매년 달라질 수 있기에 1차년도 사업계획을 세울 때 2차년도, 3차년도, 4차년도, 5차년도의 목표와 세부 과제도 함께 구상하는 것이 바람직하다. 1차년도 축제를 수행한 후에 문제점이 발견되면 처음에 구상한 2차년도 이후의 사업계획을 수정하더라도 2차년도 이후의 사업계획을 미리 작성해 놓는 것이 좋다.

1년 동안 매일 또는 매주 진행할 문화교육과정 사업계획서를 작성하는 경우에도 1년을 1분기(1~3월), 2분기(4~6월), 3분기(7~9월), 4분기(10~12월)로 나누어 분기별 홍보전략, 교육생 지원전략, 성과물 관리전략 등을 수립하여야 한다.

시기를 정해진 기간으로 나누지 않고 사업 수행에 있어서 의미가 있는 기준을 설정한 다음, 그 기준에 도달하기 전과 후로 나누어 시기별 사업계획서를 작성할 수도 있다. 게임접속자가 10만 명, 50만 명, 100만 명이 되기 전에 진행하였던 홍보전략이나 가격전략은 게임접속자 수가 일정 인원수를 넘은 다음에 추진하는 홍보전략이나 가격전략과 다를 수 있다. 따라서, 게임접속자 수(10만 명, 50만 명, 100만 명)의 변화에 따라 시기별 3단계 사업계획을 수립한다.

이렇게 시기를 구분하는 것이 중요한 이유는 각 시기별로 필요한 인력, 자금, 기술 등도 다르기 때문이다. 사업을 준비하는 기간, 사업을 확장 또는 유지하는 기간과 사업을 마무리하는 기간에 따라 목표와 세부 과제 계획이 구체적으로 수립되어야 이를 수행하기 위한 필요한 기술, 인력과 자금 조달 계획도 제대로 수립될 수 있다. 사업계획은 최소 자원 또는 제한된 자원을 효율적으로 사용하여 최대효과를 창출할 수 있도록 작성되어야 한다.

(6) 사업 수명 주기(Business Life Cycle)

사람은 태어나고 성장하면서 활동하다가 죽는다. 한 사람의 탄생에서 죽음까지의 기간인 '수명(壽命)'을 상품과 사업에 적용하여, 한 상품이 개발되어 판매되다가 사라지는 기간을 '상품 수명'이라고 하고 한 사업이 시작되어 수행되다가 사라지는 기간을 '사업 수명'이라고 한다.

아이가 태어나면 부모를 비롯한 주변 사람들이 관심을 가지고 아이가 건강하게 클 수 있도록 노력한다. 만일 아이를 돌볼 가족이 없으면 그 아이는 스스로 자립하는 노력을 남들보다 빨리 시작한다. 아이가 성장하여 성년이 되면 여러 활동을 통해 사회에 도움이 되는 존재가 된다. 어느 시점이 되면 그 사람은 다른 사람에게 스스로 자신의 자리를 물려주기도 하고 때로는 다른 사람에 의하여 강제로 자신의 자리를 빼앗길 수도 있다. 그렇기에 사람은 자신의 존재 가치가 사회에서 더 오랫동안 인정받을 수 있도록 노력한다. 건강을 잘 유지해서 생물학적 수명을 늘리는 노력과 함께 존재 가치를 인정받기 위한 사회적 수명을 늘리는 노력도 한다.

새로운 상품이 개발되면 사업자는 그 상품이 소비자에게 잘 알려져서 많이 판매되도록 노력한다. 사업자의 자금이 풍부하면 상품 홍보를 통해 빠른 기간 내에 판매량을 늘릴 수도 있다. 상품이 좋은 평가를 받게 되어 매출이 늘어나면 그 상품은 사업자에게 수익을 가져다줄 수 있으며, 사업자는 그 상품을 장수 상품으로 만들려고 노력한다. 하지만, 소비자들이 그 상품이 아닌 다른 상품을 찾게 되면 사업자는 그 상품을 생산하지 않으므로 그 상품은 자연스레 없어지게 된다.

한 사람이 죽더라도 다른 사람이 또 태어나서 성장하고 활동하면 인류는 계속해서 유지된다. 한 사람(A)의 수명이 80살이라고 가정해 보자. 만일 한 사람(A)이 태어나서 죽을 때까지 다른 사람(B)이 태어나지 않으면 그 사회는 소멸하지만, 한 사람(A)이 태어난 이후 계속해서 매년 다른 사람들(B+)이 태어나면 첫해에 한 명이었던 사회가 다음 해에는 두 명, 그다음 해에는 세 명으로 늘어나면서 사회 전체적으로 보면 사회 구성원의 활동량은 계속해서 늘어난다. 첫 번째 사람(A)이 80살에 죽게 되면 사회 전체적으로 한 사람의 활동량은 줄지만 지난 80년 동안 태어난 다른 사람들(B+)의 활동이 누적되기 때문에 인류의 활동량은 늘어난다.

사람의 수명과 활동량 개념을 사업에 적용하면 상품의 수명과 매출액으로 상품 수명 주기를 확인할 수 있다. 어떤 상품은 새로 개발되어 판매를 시작한 지 한 달 만에 매출이 저조하여 사라질 수도 있고, 어떤 상품은 몇십 년 동안 판매가 잘될 수도 있다. 사업자는 각각 상품의 수명 주기를 연장하는 노력과 함께 여러 상품 중에서 수익을 창출하는 상품을 통해서 확보된 자금을 가지고 새로운 상품을 개발하고 판매함으로써 사업자의 전체 사업 수명 주기를 늘리려고 한다. 이처럼 한 상품이 사라지더라도 계속해서 여러 상품이 새로 개발되어 판매되면 사업자의 매출액은 누적되어 늘어나게 된다.

(7) 상품 구성 관리(PPM: Product Portfolio Management)

사업이 오랜 기간 존재하고 성장하려면 하나의 사업(또는 상품)에만 의존하지 않고 다양한 사업(또는 상품)을 수행해야 한다. 여러 사업을 수행하다 보면 손해를 보는 사업도 있지만 이익이 나는 사업이 있어서 사업자는 사업을 계속해서 할 수 있다. 하지만, 여러 상품을 동시에 생산하여 판매하는 것은 쉬운 일은 아니다. 사업자가 확보하고 있는 사람, 자금, 기술 등을 여러 사업(상품)에 나누게 되면 하나의 사업(상품)도 제대로 진행되지 않을 수 있기 때문이다. 그래서 사업자의 사업(상품) 구

〈그림 5-1〉 상품 구성 전략

성을 관리하는 전략이 필요하다. 과거에는 큰 수익을 낸 사업이지만 앞으로 예상되는 수익이 크지 않으면 새로운 자금을 투자하거나 인원을 많이 배치하기 어렵다. 지금은 수익이 없지만 앞으로 수익이 예상되는 사업은 미리 준비해야 한다. 이런 점들을 종합적으로 검토하여 사업자는 자신의 사업(상품)을 구성하는 전략을 수립하여야 한다.

사업(상품) 구성 전략을 수립하기 위하여 사업(상품)군을 '현재시장점유(現在市場占有, Present Market Share)'와 '미래잠재성장(未來潛在成長, Future Potential Growth)'을 기준으로 네 가지로 나눌 수 있다. 첫째, '현금을 짜내는 젖소(Cash Cow)' 사업군은 추가 투자 없이 일정한 수익 창출이 지속적으로 가능한 사업으로 현재 시장점유율은 높지만 미래잠재성장률은 낮은 사업이다. 둘째, '잠재력이 있는 엉뚱한 고양이(Wild Cat)' 사업군은 추가적인 투자가 필요한 불확실한 사업으로 현재 시장점유율은 낮지만 앞으로 어떤 성과가 도출될지 모르는 상태로 미래 가능성을 기대하는 사업이다. 셋째, '별 볼 일 없는 개(Dog)' 사업군은 현재 시장점유율도 크지 않으며, 미래잠재성장률도 기대하기 어려운 사양사업이다. 넷째, '오늘과 내일 모두 좋은 별(Star)' 사업군은 현재 시장점유율도 높고 미래잠재성장률도 높으며, 많은 투자가 필요하지만 높은 수익이 기대되는 사업이다.

〈표 5-1〉 사업(상품)군 구성 전략

상징	현재시장 점유율	미래잠재 성장률	사업(상품)의 현재와 미래
Cash Cow	높음	낮음	추가 투자 없이 지속적인 수익이 가능한 사업 (가만 놓아두어도 매일 돈을 벌어 주는 소)
Star	높음	높음	고투자 고수익의 잘 나가는 대박사업
Wild Cat	낮음	높음	현재 성과는 미약하고 추가 투자가 필요한 불확실한 미래사업(어떤 행동을 할지 예상할 수 없는 거친 고양이)
Dog	낮음	낮음	현재 성과도 미약하고 앞으로 가능성도 없는 사양 사업

자금이 충분하지 않은 상태에서 미래사업에 모든 자원을 쏟아붓는 사업자를 '위험도전(Venture)정신'이 높다고 한다. 이러한 도전을 장려하기 위하여 국가와 지방자치단체 등이 공공자금으로 지원을 하고 '천사투자자(Angel Investor)'가 자금을 투자하여 미래사업의 성공을 돕기도 한다. 만약 공공자금이나 외부 투자를 받지 않을 경우에는 사업자가 기본적으로 수익을 창출하는 사업(상품)군을 가지고 있는 상태에서 불확실한 새로운 미래사업을 구상하여야 한다.

문화산업 분야 사업은 대부분 불확실한 미래사업이다. 영화, 드라마, 애니메이션, 공연 등의 작품이 대중으로부터 사랑을 받을 수 있을지는 불확실하다. 그래서 이 분야에 종사하는 사람들은 개인적으로 지속적인 수익을 얻을 수 있는 부업을 하는 경우가 많다. 예를 들어 배우가 음식점을 운영하고 애니메이션 종사자가 광고 영상처리업무를 하고 소설작가가 기관 홍보자료 편집 등의 활동을 하여 개인의 경제적 안정을 도모하기도 한다. 개인별로 각자의 사업(활동)군을 구성하는 것이다.

2) 재무관리

사업자의 재무상태를 나타내는 재무제표(財務諸表, Financial Statement)에는 재무상태표, 손익계산서, 현금흐름표 등이 있다.

재무상태표(財務狀態表, B/S: Balance Sheet)는 특정 시점에 있어서 사업자의 자산, 자본, 부채 등에 따른 재무상태를 복식부기(複式簿記, Bookkeeping by Double Entry) 방식으로 나타낸다. 하나의 금전 거래가 발생하면 그 거래기록을 차변(借邊, Debit Side)과 대변(貸邊, Credit Side)에 각각 같은 금액적 효과를 가지도록 기록하기 때문에 차변 합계와 대변 합계가 항상 일치하여야 한다. 즉, 자산 증가는 차변에, 부채와 자본 증가는 대변에 기록하여 차변에는 자산 잔액이 나타나고 대변에는 부채와 자본 잔액이 나타나며, 차변과 대변의 금액은 항상 일치한다. 예전에는 대변과 차변을 비교한 표라고 하여 대차대조표(貸借對照表)라고도 하였다.

손익계산서(損益計算書, Income Statement)는 회계기준인 1년 동안 발생한 수익과 비용을 나타낸다. 손익계산서를 보면 회계 기간 동안 발생한 매출액, 매출원가, 매출총손익, 판매관리비, 영업외비용, 영업외수익, 법인세, 당기순이익 등의 계정과목을 상세하게 파악할 수 있다.

현금흐름표(Statement of Cash Flow)는 일정 기간 경영활동에서 일어나는 현금의 변동사항을 나타낸다. 현금흐름은 영업활동, 투자활동, 재무활동 등에 따라 분류할 수 있는데, 영업활동 현금흐름은 사업자의 주요수익 창출활동을 통해 발생한 현금흐름이며, 투자활동 현금흐름은 투자 목적으로 운영하는 자산 등의 증감을 의미하며, 재무활동 현금흐름은 자금조달과 상환활동을 통해 발생한 현금흐름이다. 현금흐름표상에서 현금은 현금성 자산을 포함한다.

〈표 5-2〉 재무제표 종류

종류	시기	내용
재무상태표	특정 시점(회계 마감일)	자산, 자본, 부채
손익계산서	일정 기간(회계 기간 1년)	수익, 비용
현금흐름표	일정 기간(사업 준비~사업 종료)	현금, 입금, 출금

사업을 계획할 때 인건비, 제작비, 홍보비 등의 비용 예산과 매출액, 이익, 손익분기점 등과 같은 수익 예산이 작성되어야 하며, 사업을 수행하면서 실시간으로 재무상태를 확인할 수 있어야 한다. 사업자의 재무상태를 이해하기 위해서는 이익률, 생산성, 재무안정성 등과 같은 재무비율 지표를 활용하는 것이 좋다.

재무비율은 사업자의 수익성, 안전성, 성장성 등을 나타낸다. 수익성 지표로는 매출규모에 대한 경상이익 및 당기순이익의 상대적 크기를 나타내는 매출액경상이익률(=경상이익/매출액) 및 매출액순이익률(=당기순이익/매출액), 경상이익의 총자본에 대한 배율을 나타내는 총자본경상이익률(=경상이익/총자본), 당기순이익의 총자본에 대한 배율을 나타내는 총자본순이익률(=당기순이익/총자본) 등이 사용된다. 안전성 지표로는 자기자본비율, 유동비율 등이 있고 성장성 지표로는 매출액증가율과 총자산증가율이 있다.

〈표 5-3〉 재무비율 종류 및 계산 방법

구분	재무비율	재무비율 계산 방법
수익성	매출액경상이익률	경상이익 ÷ 매출액 × 100(%)
	매출액순이익률	당기순이익 ÷ 매출액 × 100(%)
	총자본경상이익률	경상이익 ÷ 총자본 × 100(%)
	총자본순이익률	당기순이익 ÷ 총자본 × 100(%)
안전성	자기자본비율	자기자본 ÷ 총자본 × 100(%)
	유동비율	유동자산 ÷ 유동부채 × 100(%)
성장성	매출액증가율	(당기매출액 - 전기매출액) ÷ 전기매출액 × 100(%)
	총자산증가율	(당기총자산 - 전기총자산) ÷ 전기총자산 × 100(%)

사업자의 재무구조 건전성을 확인할 수 있는 대표적인 지표인 자기자본비율(自己資本比率, Capital Ratio)은 총자산 중에서 자기자본이 차지하는 비중을 말한다. 자기자본은 사업자가 장기적으로 운용할 수 있는 안정된 자본이므로 자기자본비율이 높을수록 사업자의 재무구조가 건전하다고 판단한다.

유동비율(流動比率, Current Ratio)은 사업자의 지불 능력을 판단하는 지표로 유동자산을 유동부채로 나눈 비율로 유동자산이 유동부채의 몇 배인지를 나타내며, 이 비율이 높을수록 사업자의 지불 능력이 큰 것으로 판단한다. 유동자산은 1년 이내에 현금화할 수 있는 자산을 말하며, 유동부채는 1년 이내에 갚아야 하는 부채를 말한다.

사업의 지속적 성장을 확인하기 위해 매일, 매주, 매월, 매분기, 매년 등의 일정기간 동안 매출액을 확인하고 동일 기간 과거 매출액과 비교하여 그 증가율을 파악하는 것을 매출액증가율(賣出額增加率, Net Sales Growth Rate)이라고 한다.

(1) 손익계산

〈표 5-4〉 이익의 종류 및 산출 방법

구분	산출 방법
매출액	상품단가 × 판매수량(일) × 월영업일수 × 영업개월
매출총이익	매출액 − 매출원가
영업이익	매출총이익 − 판매관리비
경상이익	영업이익 + 영업외이익 − 영업외손실
세전이익	경상이익 + 특별이익 − 특별손실
당기순이익	세전이익 − 법인세
이익잉여금/배당금	당기순이익

① **매출총이익**(賣出 總利益, Gross Profit)

사업자가 상품이나 서비스를 제공하여 벌어들인 금액을 매출액(賣出

額, Sales Amount)이라고 한다. 서점에서 한 권 판매가격이 1만 원인 책을 하루에 100권씩 판다고 생각해 보자. 서점의 하루 매출액은 100만 원(10,000원×100권=1,000,000원)이며, 한 달에 25일 영업을 하면 일 년 매출액은 3억 원(10,000원×100권×25일×12개월=300,000,000원)이다. 서점이 책을 위탁으로 제공한 출판사에게 책 한 권 구입비용으로 6,000원을 지불하면 책 한 권 매출원가(賣出原價, Cost of Sales)는 6,000원이기에 서점의 한 권당 매출총이익은 4,000원(10,000원-6,000원=4,000원)이다. 서점이 하루에 책 100권을 팔면 하루 매출총이익은 40만 원(4,000원×100권=400,000원)이며, 한 달 매출총이익은 1천 만 원(4,000원×100권×25일=10,000,000원)이며, 일 년 매출총이익은 1억 2천만 원(4,000원×100권×25일×12개월=120,000,000원)이 된다.

② **영업이익**(營業利益, Operation Profit)

사업자가 영업하는 데 사용된 인건비, 임대료, 제세공과금, 교육훈련비, 접대비, 광고선전비 등 매출원가에 속하지 않은 모든 영업비용을 판매관리비(販賣費+管理費, S&A: Selling and Administrative Expenses, SGA: Selling, General and Administrative Expenses)라고 한다. 매출총이익에서 판매비와 관리비를 빼고 남은 금액이 영업이익이다. 서점에서 근무하는 직원의 급여가 월 200만 원이고, 매장 임대료가 월 100만 원이라면 판매관리비는 300만 원(2,000,000원+1,000,000원=3,000,000원)이다. 서점의 하루 매출총이익이 40만 원이라면 한 달 매출총이익은 1천만 원(400,000원×25일=10,000,000원)이지만, 한 달 영업이익은 700만 원

(10,000,000원-3,000,000원=7,000,000원)이고 일 년 영업이익은 8천 4백만 원 (7,000,000원×12개월=84,000,000원)이다.

③ **경상이익**(經常利益, Ordinary Profit)

사업자가 사업을 운영하면서 순수하게 벌어들인 수익을 경상이익이라고 한다. 영업이익에서 영업외이익(營業外利益, Non-Operating Income)인 금융소득(金融所得, Financial Income)을 더하고 영업외손실(營業外損失, Non-Operating Expenses)인 금융비용(金融費用, Financial Expenses)을 빼면 경상이익이 된다. 서점의 보통예금에서 매월 2만 원씩의 이자소득이 발생하고, 장기 대출금 이자로 매월 50만 원씩 지불하고 있다면 서점의 월 경상이익은 652만 원(7,000,000원+20,000원-500,000원=6,520,000원)이고 일 년 경상이익은 7천 824만 원(6,520,000원×12개월=78,240,000원)이다.

④ **세전이익**(稅前利益, Pre-Tax Profit)

사업자의 영업활동과 관계없이 우연히 생기는 보험 차익이나 유·무형 자산 처분이익을 특별이익(特別利益, Extraordinary Gains)이라고 하고, 사업자의 영업활동과 관계없이 우발적으로 발생하는 투자자산처분손실, 고정자산처분손실, 재해손실 등을 특별손실(特別損失, Extraordinary Loss)이라고 한다. 세전이익은 법인세(法人稅, Corporate Tax)를 공제하기 전의 이익으로, 경상이익에 특별이익을 더하고 특별손실을 뺀 것을 말한다.

서점이 가지고 있는 책장의 장부상 가격이 30만 원인데 그 책장을 100만 원에 팔았다면 특별이익이 70만 원(1,000,000원-300,000원=700,000원) 발생한 것이다. 20만 원을 주고 구입한 서점의 야외진열대가 태풍 영향으로 부서졌다면 20만 원의 특별손실이 발생한 것이다. 이런 경우에 그 달의 세전이익은 702만 원(6,520,000원+700,000원-200,000원=7,020,000원)이 된다. 특별이익과 특별손실은 매달 동일하게 발생하는 것이 아니기에 다른 특별이익이나 특별손실이 없다면 일 년 세전이익은 7천 874만 원(78,240,000원+700,000원-200,000원=78,740,000원)이다.

⑤ **당기순이익**(當期純利益, Net income)

당기순이익은 일정 회계기간 동안 발생한 사업자의 전체수익에서 전체비용을 뺀 금액이다. 회계기간은 매년 1월 1일부터 12월 31일까지로 정하는 경우가 일반적이지만, 7월 1일부터 다음 해 6월 30일과 같이 사업자가 정할 수 있다. 법인세(法人稅, Corporate Tax)는 법인의 소득을

〈표 5-5〉 법인세율(2022년)[1]

과세표준	세율
2억 원 이하	10%
2억 원 초과 ~ 2백억 원 이하	20%
2백억 원 초과 ~ 3천억 원 이하	22%
3천억 원 초과	25%

1 국세청 누리집(https://www.nts.go.kr/nts/cm/cntnts/cntntsView.do?mi=2372&cntntsId=7746, 2022. 2. 7 검색).

대상으로 부과하는 세금으로 법인의 소득 금액에 따라 세율(稅率, Tax Rate)이 다르다.

서점의 한 달 영업이익이 평균 700만 원이면 서점의 1년 회계기간 영업이익은 8천 4백만 원(7,000,000원×12개월=84,000,000원)이고 경상이익은 7천 824만 원[(7,000,000원×12개월)-(500,000원×12개월)+(20,000원×12개월)]이고 세전이익은 7천 874만 원(78,240,000원+700,000원-200,000원)이 된다. 과세 대상인 세전이익이 2억 원 이하이므로 10%의 법인세율이 적용되어 787만 4천 원(78,240,000원×10%=7,874,000원)의 법인세를 내야 하고 당기순이익은 세전이익에서 법인세를 뺀 7천 86만 6천 원

〈표 5-6〉 매출액과 이익 산출

구분		산출 기준
계정	금액	산출 사례
매출액		상품단가 × 판매 수량 × 월영업일수 × 영업개월
	300,000,000원	10,000원 × 100권 × 25일 × 12개월
매출총이익		매출액 - 매출원가
	120,000,000원	300,000,000원 - 180,000,000원
영업이익		매출총이익 - 판매관리비
	84,000,000원	120,000,000원 - 36,000,000원
경상이익		영업이익 + 영업외이익 - 영업외손실
	78,240,000원	84,000,000원 + 240,000원 - 6,000,000원
세전이익		경상이익 + 특별이익 - 특별손실
	78,740,000원	78,240,000원 + 700,000원 - 200,000원
당기순이익		세전이익 - 법인세
	70,866,000원	78,740,000원 - 7,874,000원

(78,740,000원-7,874,000원=70,866,000원)이다.

⑥ **이익잉여금**(利益剩餘金, Earned Surplus)**과 배당금**(配當金, Dividends)

사업자는 경상적인 영업활동, 자산의 처분이나 기타 손익거래에서 발생한 이익을 주주에게 배당금으로 지급하거나 자본으로 대체할 수도 있고 이익잉여금으로 남길 수도 있다. 서점은 당기순이익인 70,866,000원을 주주들에게 배당금으로 나누어 주거나 서점이 가지고 있으면서 서점의 영업활동이나 자산 구입 등에 사용할 수 있다.

(2) 손익분기점(損益分岐點, Break-Even Point)

사업자의 매출액이 일정 금액 이상을 넘어가면 이익도 손실도 발생하지 않는데, 이 매출금액이 손익분기점이다. 손익분기점의 매출액이 얼마인지 알기 위해서 모든 비용을 고정비와 변동비로 나누어야 한다.

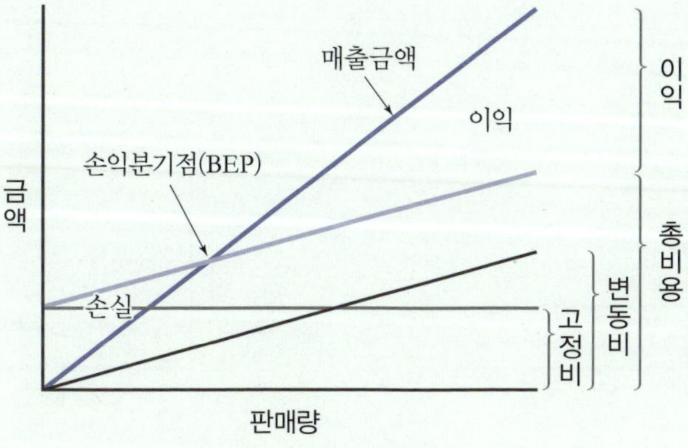

〈그림 5-2〉 손익분기점

사업자는 손익분기점을 정확히 파악하여야 사업전략을 제대로 수립할 수 있다.

① **고정비**(固定費, Fixed Cost)**와 변동비**(變動費, Variable Costs)

일정 기간 사업자의 영업 성과와 상관없이 일정하게 발생하는 원가요소를 고정비라고 하는데, 정규직 직원 인건비, 사무실 임대료, 감가상각비(減價償却費) 등이 고정비에 포함된다. 교육비, 광고홍보비 등과 같은 상대적 고정비로 분류하는 원가요소도 있다. 영업 성과에 따라 비례하여 변화하는 원가요소를 변동비라고 하는데, 상품 생산에 사용되는 원재료비용이 대표적인 변동비이다.

② **총비용**(總費用, Total Cost)**과 매출액**(賣出額, Sales Amount)

고정비와 변동비를 합한 것을 총비용이라고 한다. 총수익을 나타내는 선의 기울기가 변동비를 나타내는 선의 기울기보다 가파를수록 한계이익률(限界利益率)은 높다.

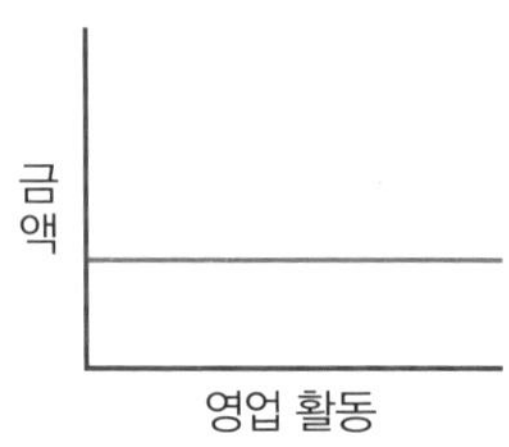

〈그림 5-3〉 고정비

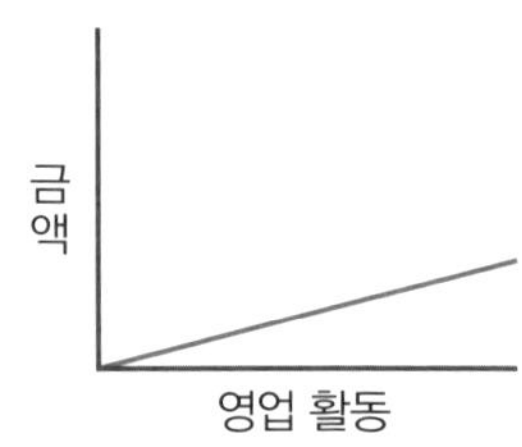

〈그림 5-4〉 변동비

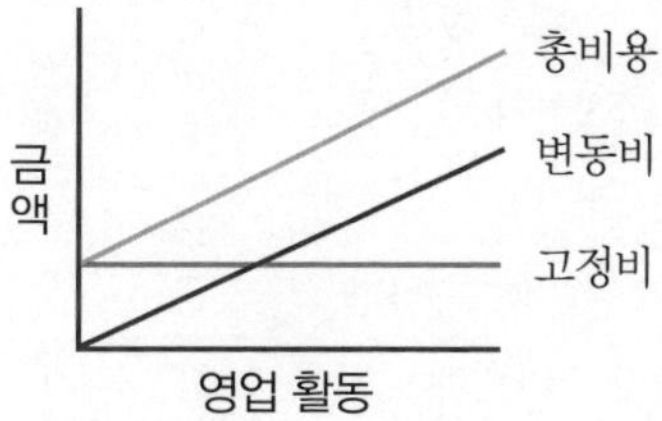

〈그림 5-5〉 총비용

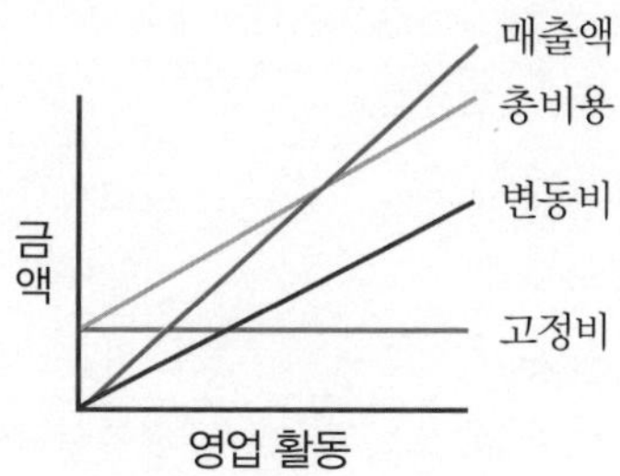

〈그림 5-6〉 총비용과 매출액

3) 투자 제안

투자제안서는 사업계획서의 내용과 많은 부분이 비슷하지만, 투자자가 사업을 정확하게 이해하고 의사결정을 쉽게 할 수 있도록 투자자를 고려하여 작성되어야 한다. 특히, 특정 잠재적 투자자가 예상되어 있다면 그 잠재적 투자자에게 요청하는 특정 내용을 별도로 작성하는 것이 좋다.

첫째, 투자제안서는 짧고 간단하게 작성한다. 투자자는 여러 곳으로부터 많은 투자제안서를 받기 때문에 한 건의 투자제안서에 많은 시간을 들여서 읽고 검토하기 어렵다. 투자자가 짧은 시간 내에 효율적으로 사업내용을 검토할 수 있도록 투자제안서를 작성해야 한다. 둘째, 내용은 구체적으로 작성한다. 투자제안서에 이론이나 개념을 소개하는 것보다는 투자자가 사업의 내용을 정확하게 이해할 수 있는 구체적인 내용을 담아야 한다. 셋째, 불필요하거나 중요도가 낮은 내용은 투자제안서에서 과감하게 덜어내는 전략적 접근이 필요하다. 여러 가지

〈표 5-7〉 투자제안서 작성 요소 7S

작성 요소		설명
Short / **S**imple		짧고 간단하게 작성하기
Specific		구체적 내용 제시하기
Strategy		버릴 것은 버리는 전략 수립하기
Sales Point		왜 팔리는지 소구점 강조하기
Smile		투자자가 편하게 웃으면서 제안서를 검토하게 만들기
Story		영화처럼 이야기 구성하기
Seven Numbers	투입(Input)	총투자금액, 인원, 일정계획(소요기간), 희망지원(투자)금액
	결과(Output)	매출, 이익, 손익분기점

방안을 나열하는 것보다 확실한 방안을 집중적으로 제시하는 것이 좋다. 넷째, 이 사업이 성공하는 이유를 소비자 관점에서 강조한다. 공공사업의 경우에는 이 사업의 필요성, 중요성과 파생효과 등의 소구점을 강조한다. 다섯째, 잠재적 투자자가 투자제안서를 편하게 읽고 웃을 수 있게 작성한다. 어려운 전문용어는 친절하게 설명하고 참고용 그림이나 흐름도 등을 통해서 투자자가 쉽게 이해할 수 있도록 투자제안서를 작성한다. 여섯째, 한 편의 영화처럼 흐름이 있는 이야기를 구성한다. 투자자가 계속해서 사업내용을 알아보고 싶게 해야 한다. 만약 투자자가 중간에 흥미를 잃게 되면 검토를 중단하거나 투자하지 않는다. 사실 재무적 투자자뿐만 아니라 전략적 투자자도 사업에 대한 정성적 방식의 투자제안서보다 정량적 방식의 투자제안서를 선호한다. 왜냐하면 투자자는 기본적으로 계량적으로 측정이 가능한 투입요소와 결과

요소를 검토하여 투자를 결정하기 때문이다. 그래서 투자제안서에 포함되어야 할 7가지 중요한 사항이 있다. 사업에 필요한 총투자금액, 인원, 일정계획(소요기간), 투자자에게 요청하는 희망지원(투자)금액의 4가지 투입요소(Input)와 그 사업의 매출액, 이익액, 손익분기점의 3가지 결과요소(Output)를 제시하고 그 근거자료를 첨부하여야 한다.

나가며

문화산업과 관련된 영역은 매우 다양하며 계속해서 변화하고 있다. 문화산업 관련 영역에 대하여 유네스코(UNESCO)와 세계지식재산기구(WIPO) 등의 국제기구도 접근하는 방식에 따라 다른 개념을 제시하고 있으며, 미국이나 영국을 비롯한 여러 나라의 관련 영역들도 차이가 있다. 우리나라 법률에서도 '문화예술', '문화상품', '콘텐츠' 등 여러 가지 용어로 정의되고 있으며, 해당 법률에서도 그 정의는 계속해서 변화되고 있다. 이 책을 쓰고 있는 도중에도 「문화예술진흥법」에서의 '문화예술'의 정의는 개정되었다. 법률은 사회적 합의라는 제도적 장치로서는 매우 의미가 있지만, 보수적인 잣대를 가지고 제한적인 개념을 제시하기도 한다. 따라서 우리는 법률상의 개념을 이해하기는 하되 그 개념에 갇히지 말아야 한다.

문화산업 관련 영역에 대한 개념이 명확하게 정의되기 어려운 것은 '문화'와 '예술'을 인식하는 사회적 관점과 그 '문화'와 '예술'을 산업과 접목하는 방식이 계속해서 바뀌고 확장되기 때문이다. 앞으로 문화산업의 개념은 이 책의 내용에 머무르지 않고 계속 바뀔 것이며, 그 영역은 더욱 커질 것이다. 따라서 문화산업을 공부하는 연구자와 문화산업에 종사하는 문화산업인들은 창의적인 상상력을 가지고 미래사회를 생각하며 문화산업을 연구하고 도전적인 사업을 기획하여야 한다.

문화산업은 사상과 감정이 자유롭게 표현되고 향유될 수 있는 여건이 마련되었을 때 성장할 수 있다. 이런 문화산업의 특성을 고려하지 않고 문화산업을 진흥하는 것은 어렵다. 국가와 지방자치단체를 비롯한 공공기관의 정책적 지원은 문화예술인, 문화예술사업자, 문화예술 향유자 모두에게 선택의 다양성을 넓히는 도움을 주어야 하며, 문화산업 관련 중앙행정기관에 따라 문화산업의 영역이 분리되거나 합쳐지는 일은 없어야 한다.

문화 관련 분야의 확장으로 문화예술, 문화상품, 문화콘텐츠 및 콘텐츠 등의 관련 용어에 대한 논의는 계속 진행되고 있다. 문화 관련 용어는 현장과 대중과의 소통을 중요하게 생각하는 산업계가 사용하는 용어, 이론적 분석과 학문적 연구로 발굴된 개념에 근거하여 학계에서 사용하는 용어, 이해관계자들의 의견을 수렴하여 도출된 사회적 합의를 체계화한 법률의 용어가 다르다. 또한, 시간이 흐르면서 그 용어들은 계속 변화하고 있는데, '콘텐츠' 또는 '문화상품'이라는 용어를 대체한 '문화향품(文化享品)'의 사용을 제안하고 싶다. '내용물'이라는 뜻의 'Contents' 또는 'Content'에서는 문화적 요소를 제대로 느낄 수 없다. '문화상품(文化商品)'에서 '상품'은 "사고파는 물품"으로, 경제적으로 "장사로 파는 물건. 또는 매매를 목적으로 한 재화(財貨)", 법률적으로

"상거래를 목적으로 하는 물건" 등으로 정의된다. 영리적 목적을 강조하고 공공성을 배제하는 느낌을 주는 '문화상품'은 문화예술인들의 창의적 표현활동과 그 결과물의 명칭으로 적절하지 않다. '문화향품(文化享品)'은 "문화가치를 향유(享有)하는 것"으로, 영리성과 공공성을 모두 포함할 수 있는 낱말이기에 문화 관련 분야의 확장에 적합하다.

문화산업에서 문화기획자의 역할은 매우 중요하기에 「문화예술진흥법」과 「문화산업진흥 기본법」에서는 문화산업의 정의에 '제작'과 별도로 '기획'의 개념을 추가하였지만, 「콘텐츠산업 진흥법」에서는 콘텐츠산업의 정의로 '제작·유통·이용'의 개념만을 유지하고 있어서 안타깝다. 문화산업의 진흥을 위해서 앞으로 법률의 개정이 꼭 필요하다.

향유·체험·소비단계의 소비자는 좋은 문화향품을 선택할 수 있는 안목을 가지고 있어야 하며, 문화향품의 가치를 인정하고 그 가치에 대한 정상적인 비용을 지불하고 구매하는 자세를 가져야 한다. 좋은 문화향품을 선택하여 정상적인 비용을 지불하는 소비자가 있어야 문화산업은 유지될 수 있다. 유통·활용단계의 사업자는 문화향품을 향유·체험·소비하는 최종사용자와의 소통을 통해 그들의 욕구 형태와 만족 방식을 파악하고 문화향품의 가치를 극대화하여 전달하여야 한다. 문화향품사업자는 창작자가 표현하고자 하는 자유로운 사상과 감정을 산업적으로 전환하여 더 많은 사람들이 그 문화향품의 가치를 인정하고 향유·체험·소비할 수 있도록 해야 한다. 문화향품의 기획·개발단계의 창작자는 최종사용자가 문화향품을 통해서 얻는 가치를 생각해 보아야 한다. 여기서 '가치'는 경제적 가치만을 뜻하지 않는다. 해당 산업 안의 핵심산업 종사자의 경제적 가치뿐만 아니라 문화산업과 연계산업의 경제적 가치, 나아가서 문화산업을 통해서 발생하는 후광효과를 통해 얻게 되는 정치적·사회적·문화적·정신적 가치가 매우 중요하다.

영리를 목적으로 하는 사업뿐만 아니라 공익을 위한 문화사업도 사업 분석을 통한 전략을 수립해야 한다. 사업계획서를 통해서 사업기획자의 구상을 다른 사람에게 효율적으로 전달하여 그 사람들의 공감을 이끌어 내야 한다. 특히 사업기획자의 상사, 사업선정 심사위원, 사업투자자 등이 사업계획서를 검토하고 그 내용을 인정해야 사업을 추진할 수 있다. 또한, 사업을 준비하는 동료, 협력업체, 지원기관 등이 사업계획서의 내용을 충분히 이해해야 사업이 제대로 준비되고 진행될 수 있다. 사업기획자의 머릿속에 숨어 있는 사업구상을 외부로 끄집어내서 다른 사람들과 소통하는 사업계획서는 비영리 목적의 공공 문화사업에도 꼭 필요하다.

사업계획은 미래의 불확실한 상황을 고려하면서 작성해야 하는 어려운 일이다. 지금 준비하는 축제를 보러 다음 해에 몇 명이 올지 알 수 없지만, 사업기획자는 구체적인 계획을 사전에 수립해야 한다. 사업의 개념만 제시하고 그 제안사업이 선정된 후에 인원, 일정, 비용 등 구체적인 사업계획은 나중에 수립하겠다는 사업제안서는 상사나 심사위원으로부터 좋은 평가를 받기 어렵다.

사업계획서는 사업기획자의 생각을 논리적으로 다른 사람이 이해하기 쉽도록 체계화한 문서다. 사업계획은 현장에서 쉽게 이해되고 집행이 가능해야 한다. 그래서 일반적으로 사용하는 SWOT분석 및 전략 수립 방식을 바꾼 새로운 SWOT분석과 PINE전략을 권한다. 사업의 강점, 약점, 기회, 위협 요소를 파악한 후 긍정(Positive) 환경전략, 내부(Internal) 대응전략, 부정(Negative) 환경전략, 외부(External) 대응전략을 수립하는 것이 바람직하다. 이 중에서 긍정환경전략과 내부대응전략은 사업자가 주도적으로 통제할 수 있는 전략이며, 부정환경전략과 외부대응전략은 사업자가 직접 통제하기 어려운 영역이다. 사업확장을 도모하는 도전적인 사업자는 긍정환경전략과 내부대응전략을 더 중요하게 생각하며, 안정적인 사업운영을 원하는 관리형 사업자는 부정환경전략과 외부대응전략을 더 중요하게 생각한다.

'선택'과 '집중'으로 사업을 효율적으로 추진하는 STPP전략은 기존의 STP전략에 협력전략(Partnership Strategy)을 추가한 것이다. 시장을 세분화하여 사업자가 선택한 목표시장을 다른 경쟁자와의 비교를 통해 사업자의 위상을 분석하고 전략을 수립하는 STP전략은 사업계획에서 매우 중요하다. 이 STP전략을 수립하는 과정에서 확인된 경쟁자들과 협력을 할 수 있다면 사업을 더 효율적으로 추진할 수 있다. 문화산업의 경쟁자들은 각각 다른 모습의 창작물을 도출하기에 '협력전략'은 그 의미와 효용성이 다른 산업보다 더 크다.

사업계획은 구체적으로 수립하고 그 성과를 측정할 수 있도록 계량화하는 것이 중요하다. 사업의 실현 가능성을 높이려면 전체 사업 목표를 달성하기 위하여 연관성이 높은 세부 목표를 설정하고 그 목표를 달성하기 위해서 지속적으로 노력해야 한다. 추진 계획은 기간별로 계획과 성과를 분석하고 계속 수정해야 한다. 여러 사업이 반복해서 진행되면 좋은 성과를 거둔 사업도 있고 실패한 사업도 있기 마련인데, 사업자는 이러한 사업별 수명 주기를 고려하여 적절한 사업군을 가지고 있어야 계속해서 사업을 유지할 수 있다.

문화사업자도 '돈의 흐름'을 이해하고 그 계획을 수립할 수 있어야 한다. 사업자는 세무사, 회계사 등의 전문가들의 도움을 받더라도 기본적인 재무 용어의 개념을 이해해야 한다. 또한 사업자는 고정비, 변동비, 총비용과 매출액을 예상하여 사업의 손익분기점을 찾아내야 하며, 매출총이익, 영업이익, 경상이익, 세전이익, 당기순이익 등 다양한 '이익'의 개념을 알고 이익잉여금과 배당금을 산출할 수 있어야 재무적 투자자와 협상을 할 수 있다.

모든 사람은 각자 자신이 잘할 수 있는 일과 좋아하는 일이 따로 있다. 어떤 문화예술인은 사업을 직접 하는 것이 적성에 맞지 않을 수도 있으며, 창작활동에 전념하는 것이 더 바람직할 수도 있다. 하지만, 문화예술인이 사업 분야 전문가들과 원활한 소통과 협력을 통해 자신이 하고 싶은 일을 계속해서 잘하려면, 문화예술의 사업화에 대한 이해는 꼭 필요하다.

문화산업을 공부하는 학생과 산업현장 종사자들을 위하여 쉽게 설명하려고 했지만 정확한 내용을 전달하려다 보니 어려워진 부분이 있다. 강의 내용, 학회 발표 논문, 특강자료와 기고문 등을 정리하고 수정하는 과정도 쉽지 않았다. 산업계의 전문용어처럼 여겨지는 외래어를 그대로 사용하면 직감적으로 쉽게 이해될 수 있는 내용도 낯선 우리말(또는 새로 만든 낱말)을 사용하다 보니 이해하기 어려워진 부분도 있다. 문화산업 관련 분야의 상황이 계속해서 바뀌고 있어서 집필을 마무리하는 동안에도 내용을 바꾸거나 새롭게 추가하여야 했다. 이 책이 출판된 이후에 바꾸어야 하는 내용이 있을 수도 있지만, 일단 마무리하고 앞으로 개정판을 고민하고자 한다. 이 책을 읽은 분들의 많은 지적과 의견을 부탁드린다.

도움받은 자료

단행본

김상욱, 『문화콘텐츠산업 정책과 창조산업』, (주)크린비디자인, 2013.

문화체육관광부 편, 『2009 콘텐츠산업백서』, 문화체육관광부, 2010.

Clark, Helen, Creative economy report, 2013, special edition: Widening local development pathways, UNDP(United Nations Development Programme) [1396]; UNESCO(United Nations Educational, Scientific and Cultural Organization); Director-General, 2009-2017 (Bokova, I.G.) [writer of foreword] [5503], 2013.

논문 및 기타 자료

김시범, 「대한민국 전통문화산업 관련 법제도 고찰」, 『유라시아연구』 제13권 제1호, (사)아시아유럽미래학회, 2016.

김시범, 「문화산업의 법률적 정의 및 개념 고찰」, 『인문콘텐츠』 제48호, 인문콘텐츠학회, 2018.

김시범, 「캐릭터산업의 권리활용(Licensing)사업 가치사슬 체계화 연구」, 『문화산업연구』 제18권 제2호, (사) 한국문화산업학회, 2018.

김의준, 권영현, 「지역문화산업의 가치사슬 분석—제주도와 수도권을 중심으로」, 제주관광학회, 2011 추계 정기학술대회 발표논문집, 2011.
조용순, 「문화콘텐츠의 제작·유통·이용에 관한 법·제도 연구」, 한양대학교 대학원 법학과 박사학위논문, 2008.
최정수, 「경북 문화산업의 가치사슬 특성」, 『한국경제지리학회지』 제9권 제1호, 한국경제지리학회, 2006.
PwC Report, 「Perspective from the Global Entertainment & Media Outlook 2021-2025」, Jul. 12, 2021.

인터넷 사이트

국가법령정보센터(법제처) https://www.law.go.kr
국세청 누리집 https://www.nts.go.kr
두산백과사전 https://www.doopedia.co.kr
세계지식재산기구 https://www.wipo.int
통계청 통계분류포털 https://kssc.kostat.go.kr:8443/ksscNew_web/index.jsp#
표준국어대사전 https://stdict.korean.go.kr
학술연구정보서비스 https://www.riss.kr

법령

제1장

「문화산업진흥 기본법」 제2조 제1호, 제2호(1999년 2월 8일 제정, 1999년 5월 9일 시행)
「문화산업진흥 기본법」 제2조(2002년 1월 26일 전부개정, 2002년 7월 27일 시행)
「문화산업진흥 기본법」 제2조(2003년 5월 27일 일부개정 및 시행)
「온라인 디지털콘텐츠산업 발전법」 제1조(2002년 1월 14일 제정, 2002년 7월 15일 시행)
「콘텐츠산업 진흥법」 제1조(2010년 6월 10일 전부개정, 2010년 12월 11일 시행)
「콘텐츠산업 진흥법」 제4조(2010년 6월 10일 전부개정, 2010년 12월 11일 시행)

제2장

「대중문화예술산업발전법」 제2조(2014년 1월 28일 제정, 2014년 7월 29일 시행)
「문화산업진흥 기본법」 제2조 제1호(2006년 4월 28일 일부개정, 2006년 10월 29일 시행)
「문화산업진흥 기본법」 제2조 제1호(2009년 2월 6일 일부개정, 2009년 5월 7일 시행)
「문화산업진흥 기본법」 제2조 제1호(2011년 5월 25일 일부개정, 2011년 8월 26일 시행)
「문화산업진흥 기본법」 제2조(2014년 1월 28일 타법개정, 2014년 7월 29일 시행)
「문화산업진흥 기본법」 제2조 제2호(1999년 2월 8일 제정, 1999년 5월 9일 시행)
「문화산업진흥 기본법」 제2조 제2호(2002년 1월 26일 전부개정, 2002년 7월 27일 시행)
「문화산업진흥 기본법」 제2조 제2호(2006년 4월 28일 일부개정, 2006년 10월 29일 시행)
「문화산업진흥 기본법」 제2조 제2호(2009년 2월 6일·5월 21일 일부개정, 2009년 5월 7일·8월 22일 각각 시행)
「문화예술진흥법」 제2조(1972년 8월 14일 제정 및 시행)
「문화예술진흥법」 제2조(1987년 11월 28일 일부개정 및 시행)
「문화예술진흥법」 제2조 제1호(1995년 1월 5일 전부개정, 1995년 7월 6일 시행)
「문화예술진흥법」 제2조 제1호(2013년 7월 16일 일부개정, 2013년 8월 6일 시행)
「문화예술진흥법」 제2조 제1호(2022년 9월 27일 일부개정, 2023년 3월 28일 시행)
「온라인 디지털콘텐츠산업 발전법」 제2조 제1호(2002년 1월 14일 제정, 2002년 7월 15일 시행)
「온라인 디지털콘텐츠산업 발전법」 제2조 제2호, 제3호(2002년 1월 14일 제정, 2002년 7월 15일 시행)
「전시산업발전법」 제2조 제2호(2011년 3월 30일 일부개정 및 시행)
「콘텐츠산업 진흥법」 제2조 제1호 및 제2호(2010년 6월 10일 전부개정, 2010년 12월 11일 시행)

찾아보기

ㅇ

ㅈ

ㅋ

ㅌ

ㅍ

ㅎ

로마자

문화와 문화산업

1판 1쇄 펴낸날 2023년 10월 10일

지은이 | 김시범
펴낸이 | 김시연

편집 | 한정은
디자인 | 본문 이미애, 표지 최정희

펴낸곳 | (주)일조각
등록 | 1953년 9월 3일 제300-1953-1호(구 : 제1-298호)
주소 | 03176 서울시 종로구 경희궁길 39
전화 | 02-734-3545 / 02-733-8811(편집부)
02-733-5430 / 02-733-5431(영업부)
팩스 | 02-735-9994(편집부) / 02-738-5857(영업부)
이메일 | ilchokak@hanmail.net
홈페이지 | www.ilchokak.co.kr

ISBN 978-89-337-0824-8 93600
값 18,000원

* 지은이와 협의하여 인지를 생략합니다.